去杠杆对企业
高质量发展的影响研究

QUGANGGAN DUI QIYE
GAOZHILIANG FAZHAN DE YINGXIANG YANJIU

熊少平 著

中国金融出版社

责任编辑：贾　真
责任校对：李俊英
责任印制：程　颖

图书在版编目（CIP）数据

去杠杆对企业高质量发展的影响研究/熊少平著．—北京：中国金融出版社，2022.12

ISBN 978 – 7 – 5220 – 1807 – 2

Ⅰ.①去…　Ⅱ.①熊…　Ⅲ.①企业发展—研究—中国　Ⅳ.①F279.23

中国版本图书馆 CIP 数据核字（2022）第 195760 号

去杠杆对企业高质量发展的影响研究
QUGANGGAN DUI QIYE GAOZHILIANG FAZHAN DE YINGXIANG YANJIU

出版
发行　**中国金融出版社**

社址　北京市丰台区益泽路 2 号
市场开发部　（010）66024766，63805472，63439533（传真）
网上书店　www.cfph.cn
　　　　　（010）66024766，63372837（传真）
读者服务部　（010）66070833，62568380
邮编　100071
经销　新华书店
印刷　河北松源印刷有限公司
尺寸　169 毫米 × 239 毫米
印张　10
字数　160 千
版次　2022 年 12 月第 1 版
印次　2022 年 12 月第 1 次印刷
定价　38.00 元
ISBN 978 – 7 – 5220 – 1807 – 2
如出现印装错误本社负责调换　联系电话（010）63263947

摘　　要

　　如何处理好去杠杆和企业高质量发展的关系、寻求合理解决微观企业债务的问题，是当前各界关注的重要问题。2015 年中央经济工作会议提出去杠杆的工作任务。基于此，本书首先对杠杆率与去杠杆、企业高质量发展两组定义进行概念界定；其次，从适度去杠杆和过度去杠杆两方面构建去杠杆影响企业高质量发展的理论框架；再次，利用 2010—2018 年中国 A 股非金融上市公司作为样本，构建微观企业层面的去杠杆变量，系统分析了中国上市公司的去杠杆现状；然后，利用固定效应模型、两阶段工具变量回归模型、中介效应模型和面板门槛回归模型等，从企业高质量发展的总视角和企业全要素生产率、企业创新和企业可持续发展三个分视角，全面考察了去杠杆对企业高质量发展的影响；最后，根据本书的主要结论从政府和企业两个层面提出政策建议。本书的主要研究结论如下。

　　1. 企业高质量发展可定义为企业实现"高效率、有活力、可持续"的发展，分别对应企业全要素生产率、企业创新和企业可持续发展；去杠杆对企业高质量发展包含促进作用和抑制作用两方面效应。企业适度去杠杆从降低企业财务风险、约束企业经营投入、提升企业管理绩效等方面促进企业高质量发展，而企业过度去杠杆则从加大企业破产风险、向外传递不良信号、降低企业经营效率等方面对企业高质量发展产生抑制作用。从高质量发展的不同维度来看，去杠杆对企业全要素生产率的影响主要体现在增加研发投入和提高管理效率两个方面，去杠杆对企业创新的影响主要体现在降低财务费用和提高管理效率两个方面，去杠杆对企业可持续发展的影响则体现在降低财务风险和降低管理费用两个方面。

　　2. 总体来看，中央提出的宏观去杠杆政策在微观领域部分有效。就上市公司的杠杆率水平而言，总体上没有出现下降趋势，债务风险依然存在；从行业异质性来看，产能过剩行业的去杠杆效果更好，总体杠杆率水平相对更低；

从企业所有制差异来看，国有企业总体债务水平良好，去杠杆政策的落实更到位，而非国有企业一定程度上调整了杠杆率，释放了债务风险，但比例还远远不够；从地区差异来看，东部地区企业去杠杆的力度最大，但企业个体间的差异较大，综合而言，债务风险仍然高于中西部地区。从上市公司高质量发展水平来看，去杠杆政策实施后企业高质量发展总体水平及各分项指标均显著提升。

3. 去杠杆影响企业高质量发展的研究发现。首先，从特征事实来看，2015 年后中国上市公司高质量发展的平均水平显著提高；其次，实证分析发现，去杠杆显著提高了企业高质量发展水平，在系列稳健性检验和内生性讨论后结论稳健；再次，异质性检验发现，去杠杆对企业高质量发展的影响因企业规模、所在行业和所有制类型的不同存在异质性，对于大型企业、产能过剩行业的企业及国有企业而言，去杠杆对企业高质量发展水平的促进作用更好；最后，门槛效应检验发现，去杠杆对企业高质量发展的影响具有双重门槛效应，企业同年度去杠杆水平保持在适度区间 ［－7.04%，14.09%］ 更有利于促进企业高质量发展，即实现企业"高效率、有活力、可持续"的发展。

4. 去杠杆影响企业全要素生产率的研究发现。首先，去杠杆与企业全要素生产率显著正相关，就上市公司的样本数据而言，降低杠杆率能够显著促进企业全要素生产率的提升；其次，去杠杆的效果存在明显的异质性，主要受企业规模、所在行业及地区等因素影响，其中小型企业、非产能过剩行业的企业及东部地区企业，去杠杆对企业全要素生产率的提升效果更好；再次，去杠杆主要通过增加研发投入和提高管理效率两个方面提升企业全要素生产率；最后，去杠杆对企业全要素生产率的影响呈非线性关系，去杠杆水平保持在 ［－17.61%，14.47%］ 有利于促进企业全要素生产率提升，超出该范围则适得其反，与理论分析一致，适度去杠杆对企业高质量发展具有促进作用。

5. 去杠杆影响企业创新的研究发现。首先，去杠杆对企业创新具有显著且稳健的促进作用；其次，异质性研究发现，去杠杆的效果并非适用于所有类型的企业，大型企业、产能过剩行业的企业以及国有企业中，去杠杆能够有效促进企业创新水平的提升，对于小型企业、非产能过剩企业和非国有企业而言，去杠杆效应并不显著；再次，影响机制检验表明，去杠杆主要通过降低财务费用和提高管理效率两个方面促进企业的创新；最后，门槛效应检验发现，去杠杆对企业创新的影响存在双重门槛，企业同年度去杠杆水平保持在 [1.9%，13.5%] 有利于企业创新，超出门槛范围的过度去杠杆无法发挥促进作用。

6. 去杠杆影响企业可持续发展能力的研究发现。首先，去杠杆显著提高了企业可持续发展能力，且结论相对稳健；其次，异质性研究发现，去杠杆对企业可持续发展的影响因企业规模、所有制类型及所在地区的不同存在异质性，对于小型企业、国有企业及中部地区企业而言，去杠杆对企业可持续发展能力的提升效果更好；再次，影响渠道检验表明，去杠杆通过降低企业的管理费用和财务风险两个方面促进企业的可持续发展；最后，非线性关系检验发现，去杠杆对企业可持续发展的影响存在双重门槛，企业同年度去杠杆水平保持在适度区间 [-7.04%，6.38%] 更有利于促进企业可持续发展。

目　　录

第1章　绪论 ……………………………………………………… 1

　1.1　研究背景及意义 ……………………………………………… 1

　　1.1.1　理论意义 ……………………………………………… 3

　　1.1.2　现实意义 ……………………………………………… 3

　1.2　研究思路、内容框架及研究方法 …………………………… 4

　　1.2.1　研究思路 ……………………………………………… 4

　　1.2.2　主要内容 ……………………………………………… 4

　　1.2.3　研究方法 ……………………………………………… 7

　1.3　创新点 ………………………………………………………… 8

　　1.3.1　研究视角的创新 ……………………………………… 8

　　1.3.2　研究内容的创新 ……………………………………… 9

　　1.3.3　实证策略的创新 ……………………………………… 9

第2章　企业去杠杆与高质量发展相关文献综述 ……………… 10

　2.1　去杠杆政策效应评估的相关研究 …………………………… 10

　　2.1.1　宏观经济层面 ………………………………………… 10

　　2.1.2　微观经济层面 ………………………………………… 11

　　2.1.3　已有文献的研究方法 ………………………………… 12

　2.2　去杠杆与企业全要素生产率的相关研究 …………………… 12

　　2.2.1　支持促进论的观点 …………………………………… 13

　　2.2.2　支持抑制论的观点 …………………………………… 13

　　2.2.3　支持折中论的观点 …………………………………… 14

　2.3　去杠杆与企业创新的相关研究 ……………………………… 15

　　2.3.1　促进论 ………………………………………………… 15

　　2.3.2　抑制论 ………………………………………………… 15

   2.3.3　折中论 ··· 16

  2.4　去杠杆与企业可持续发展的相关研究 ···················· 17

  2.5　文献述评 ··· 17

第3章　去杠杆影响企业高质量发展的理论分析 ·············· 19

  3.1　基本概念界定与影响因素分析 ···························· 19

    3.1.1　杠杆率与去杠杆 ·· 19

    3.1.2　企业高质量发展 ·· 21

  3.2　去杠杆影响企业高质量发展的一般机理分析 ··········· 27

    3.2.1　降低企业财务风险 ······································ 28

    3.2.2　约束企业经营投入 ······································ 28

    3.2.3　提升企业管理绩效 ······································ 29

    3.2.4　加大企业破产风险 ······································ 29

    3.2.5　向外传递不良信号 ······································ 30

    3.2.6　降低企业经营效率 ······································ 30

  3.3　去杠杆对企业高质量发展的影响路径分析 ·············· 31

    3.3.1　去杠杆对企业全要素生产率的影响路径 ············ 31

    3.3.2　去杠杆对企业创新发展的影响路径 ················· 32

    3.3.3　去杠杆对企业可持续发展的影响路径 ·············· 33

  本章小结 ·· 34

第4章　中国企业去杠杆和高质量发展的现实考察 ··········· 35

  4.1　中国上市公司去杠杆的现实状况 ························· 35

    4.1.1　中国上市公司去杠杆的整体状况 ·················· 35

    4.1.2　分行业企业去杠杆的现状分析 ···················· 40

    4.1.3　分所有制企业去杠杆的现状分析 ·················· 43

    4.1.4　分地区企业去杠杆的现状分析 ···················· 47

  4.2　中国企业高质量发展的总体测度 ························· 51

    4.2.1　企业高质量发展的测度 ······························ 51

    4.2.2　企业高质量发展测度结果分析 ···················· 51

  4.3　中国企业高质量发展的具体考察 ························· 52

4.3.1　企业全要素生产率 ································· 52

4.3.2　企业创新 ····································· 55

4.3.3　企业可持续发展 ····························· 56

本章小结 ·· 57

第5章　去杠杆对企业高质量发展的影响
　　　　——总体（综合）研究 ···················· 58

5.1　问题的提出 ·································· 58

5.2　研究设计 ···································· 59

5.2.1　计量模型设定 ···························· 59

5.2.2　数据来源与说明 ·························· 60

5.2.3　描述性统计 ······························ 60

5.3　实证检验 ···································· 61

5.3.1　基本回归 ································ 61

5.3.2　稳健性检验 ······························ 62

5.3.3　内生性讨论 ······························ 64

5.3.4　异质性检验 ······························ 66

5.3.5　门槛效应检验 ···························· 68

本章小结 ·· 71

第6章　去杠杆对企业高质量发展的影响
　　　　——基于企业全要素生产率的研究 ········· 72

6.1　问题的提出 ·································· 72

6.2　数据、变量与模型 ···························· 74

6.2.1　数据来源及处理 ·························· 74

6.2.2　变量说明与描述性统计 ···················· 74

6.2.3　模型选择 ································ 76

6.3　实证研究 ···································· 77

6.3.1　全样本回归 ······························ 77

6.3.2　门槛效应检验 ···························· 78

6.3.3　中介效应检验 ···························· 81

6.4 进一步研究 ·· 83

6.4.1 分样本回归 ···································· 83

6.4.2 稳健性检验 ···································· 85

6.4.3 内生性问题讨论 ································ 88

本章小结 ··· 89

第7章 去杠杆对企业高质量发展的影响

——基于企业创新的研究 ················ 91

7.1 问题的提出 ······································ 91

7.2 研究设计 ·· 92

7.2.1 计量模型设定 ·································· 92

7.2.2 数据说明 ······································ 94

7.3 实证检验 ·· 95

7.3.1 全样本估计 ···································· 95

7.3.2 稳健性检验 ···································· 96

7.3.3 工具变量回归 ·································· 98

7.4 进一步检验 ······································ 99

7.4.1 异质性检验 ···································· 99

7.4.2 影响机制检验 ································· 101

7.4.3 门槛效应检验 ································· 103

本章小结 ·· 105

第8章 去杠杆对企业高质量发展的影响

——基于企业可持续发展的研究 ········· 107

8.1 问题的提出 ····································· 107

8.2 研究设计 ······································· 108

8.2.1 数据的来源与处理 ····························· 108

8.2.2 模型设定与变量选取 ··························· 109

8.3 全样本回归 ····································· 109

8.3.1 描述性统计 ··································· 109

8.3.2 总样本回归结果 ······························ 110

8.3.3 稳健性与内生性讨论 ………………………………… 111

8.4 进一步讨论 ………………………………………………… 115

8.4.1 分样本回归 …………………………………………… 115

8.4.2 影响渠道 ……………………………………………… 117

8.4.3 非线性门槛效应 ……………………………………… 118

本章小结 ……………………………………………………… 121

第9章 优化企业杠杆率促进企业高质量发展的政策建议 ……… 123

9.1 政府层面优化去杠杆政策，做好顶层设计 ……………… 123

9.1.1 转变工作思路，加强市场导向 ……………………… 123

9.1.2 因企制宜，避免"一刀切"式管理 ………………… 124

9.1.3 营造融资环境，发展资本市场 ……………………… 124

9.2 企业层面把握去杠杆节奏，做好战略规划 ……………… 125

9.2.1 把握自身特征，合理调整杠杆率 …………………… 125

9.2.2 转变融资结构，杜绝高负债经营 …………………… 125

9.2.3 提高经营效率，防范财务风险 ……………………… 126

第10章 研究结论及展望 ………………………………………… 127

10.1 主要结论 ………………………………………………… 127

10.2 研究不足与展望 ………………………………………… 129

参考文献 ……………………………………………………………… 130

致 谢 ………………………………………………………………… 147

第1章 绪 论

1.1 研究背景及意义

自改革开放以来，伴随经济形势和外部环境的持续向好，中国充分发挥发展中国家的成本优势，依靠扩大出口和引进外资，实现经济的高速增长。但自2012年以来，中国经济增速换挡进入新常态，经济发展进入转型期。党的十九大指出，中国特色社会主义迈入了新时代。经济从高速增长阶段转向高质量发展阶段是中国特色社会主义迈入新时代的鲜明特征，而经济高质量发展归根结底需要通过企业高质量发展予以实现（黄速建等，2018）。如何实现企业高质量发展成为当今社会各界广泛议论的话题。然而，长期以来中国企业一直处于粗放式发展阶段。国有企业"大而不强"，活力欠缺，动力不足。民营企业面对市场准入壁垒高、融资难度大、制度环境恶劣等问题，在困境中艰难成长。在实现全面建成小康社会的历史时期，实现企业高质量发展从而拉动经济社会持续健康发展至关重要。

除了经济增速放缓给全社会各方面带来的诸多压力，中国经济还面临长期以来各种复杂因素形成的诸多难题，其中之一就是全社会居高不下的杠杆率。如图1-1所示，中国的全社会杠杆率水平从2000年的不到100%增长到2020年的263%，增幅超过2.5倍。其中，非金融企业部门杠杆率的增长更值得关注。2008年之前非金融企业部门的杠杆率水平在98.7%的平均线上下波动，略高于90%的国际警戒线水平。2008年国际金融危机之后，随着国家出台"四万亿"投资计划，非金融企业的杠杆率迅速上涨至2010年的120.6%。到2015年，非金融企业部门杠杆率突破150%之后，杠杆水平的持续增长才有所放缓。随着杠杆率水平的急剧攀升，尤其是非金融企业的杠杆率水平远超国际警戒线水平，进而提高了银行等金融机构的坏账风险，并引发了系统性金融危机的可能性，因而高杠杆逐渐成为影响中国经济持续良性发展的潜在威胁。

在此背景下，2015年12月中央经济工作会议将去杠杆列为供给侧结构性改革的五大任务之一，党的十九大报告强调，要继续强化去杠杆工作，2018年4月2日中央财经委员会会议进一步提出"结构性去杠杆"。在中国目前的融资模式下，实现企业高质量发展必须借助资本杠杆的作用，通过借债方式，以较小的自有资金控制较大的现金流，以稳固企业发展的资金投入。然而，过高的杠杆率迫使企业承担较重的还本付息压力，加大了企业财务风险，这反过来会制约企业高质量发展。在全社会杠杆率普遍较高的情况下，降低企业杠杆率是完全必要的，但如果处理不当，也可能导致企业资金短缺，流动性不足，进而限制企业投资，阻碍企业高质量发展。因此，如何协调去杠杆和高质量发展之间的关系，是当前中国企业发展亟须解决的难题。

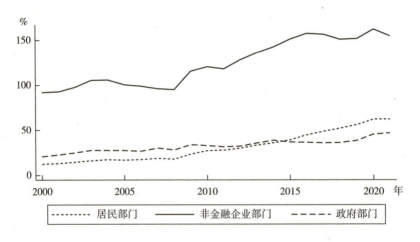

图1-1 中国各部门杠杆率水平（2000—2020年）

（资料来源：CNBS国家资产负债表研究中心）

鉴于此，本书将去杠杆的政策实践同高质量发展紧密联系，考察企业去杠杆对企业高质量发展的影响。进而回答亟须解决的以下问题：去杠杆是否有利于企业高质量发展，如果去杠杆的效应显著，那么是否存在异质性；进一步，考虑到最优资本结构的相关理论，去杠杆是否也存在合理区间；去杠杆又是通过何种渠道影响企业高质量发展的。具体而言，本书分别从企业全要素生产率、企业创新和企业可持续增长三个方面衡量企业高质量发展。总体来看，以上三个方面均是企业高质量发展的关键因素。企业全要素生产率衡量的是企业当前的效率水平，由于创新具有时滞效应，那么企业创新则决定着企业未来的生产水平，而企业可持续增长则考量了企业长期的综合发展。研究去杠杆在以上三个方面的政策效应，对进一步推进供给侧结构性改革、促进企业高质量发展和中国经济持续健康发展具有重要的参考价值。

1.1.1 理论意义

第一，丰富了资本结构理论的内涵。一方面，已有关于杠杆率与企业表现的研究，大多基于 MM 理论、权衡理论等企业资本结构决定的相关理论，但国外的企业财务理论可能并不适用于中国特色社会主义市场经济下的国内企业。本书利用中国 A 股非金融上市公司的数据，实证检验去杠杆对企业高质量发展的影响，为资本理论研究提供了新的经验证据，同时丰富了已有理论的维度。另一方面，资本结构理论只关注企业最优的资本结构区间，而并未关注去杠杆是否也存在合理区间，本书进一步考察这一问题，丰富了资本结构理论的内涵。

第二，为去杠杆政策提供了微观经济理论和经验支撑。去杠杆总体上是宏观经济层面的政策，已有研究对去杠杆政策的评估主要也集中于宏观经济层面，如经济增长、经济波动等。本书选取全要素生产率、创新水平和可持续发展三个方面微观企业的指标衡量企业高质量发展，实证检验去杠杆的政策效应及其影响机制，极大地丰富了微观层面去杠杆政策效应评估的文献。

1.1.2 现实意义

第一，为进一步推进微观层面供给侧结构性改革提供了有价值的理论指导和经验知识。目前，供给侧结构性改革在宏观层面初见成效，但从微观层面来看，改革仍有待进一步推进。一方面，微观层面去杠杆的效果如何，仍未有明确的答案。另一方面，如何在深化供给侧结构性改革的背景下处理好去杠杆和企业高质量发展之间的关系，是亟须回应和解决的重要问题。本书的研究对于回答以上问题提供了经验证据和政策依据。

第二，为企业应对外部环境变化，审时度势调整企业经营战略提供了经验借鉴。自 2008 年国际金融危机以来，中国企业面临的国内外经济环境日趋复杂，随着经营难度的不断提高，企业不得不通过提高负债率来维持正常运转。

在实现中国经济持续健康发展和供给侧结构性改革的背景下，企业需要在保持自身持续健康发展的基础上响应政策号召，优化资本结构，释放债务风险。本书针对企业发展的不同维度、不同时期为企业实现去杠杆提供了经验认识和决策支持。

1.2 研究思路、内容框架及研究方法

1.2.1 研究思路

本书围绕"提出问题、理论分析、现状分析、实证检验、政策建议"的思路，主要从以下几个方面展开具体研究。

第一，本书围绕去杠杆和企业高质量发展两个关键词，基于理论基础和现实条件，提出了关注的具体问题：去杠杆是否有利于企业高质量发展；如果去杠杆的效应显著，那么是否存在异质性；进一步，考虑到最优资本结构的相关理论，去杠杆是否也存在合理区间；去杠杆又是通过何种渠道影响企业高质量发展的。第二，基于本书需要，从理论方面，本书首先厘清了"杠杆率"和"高质量发展"两个关键概念，其次归纳总结了资本结构理论和企业可持续增长理论的基本观点，最后系统梳理了去杠杆影响企业高质量发展不同方面的相关文献，为本书后续研究的开展打下坚实的理论基础。第三，基于中国上市公司的微观数据，本书考察中国企业去杠杆实践的整体状况，并进一步区分行业和企业所有制，分析企业去杠杆行为的异质性。第四，本书综合使用 CSMAR 上市公司数据库、Wind 数据库及 CCER 经济金融数据库整合的中国上市公司的面板数据，利用固定效应模型、中介效应模型和门槛效应模型等计量方法，从企业全要素生产率、企业创新和企业可持续发展三个分视角及企业高质量发展的总视角，实证检验去杠杆对企业高质量发展的影响效应及其影响机制。第五，本书对研究结论进行总结，并提出相应的政策建议。

本书的研究技术路线如图 1 – 2 所示。

1.2.2 主要内容

本书共分为 10 章，主要内容如下。

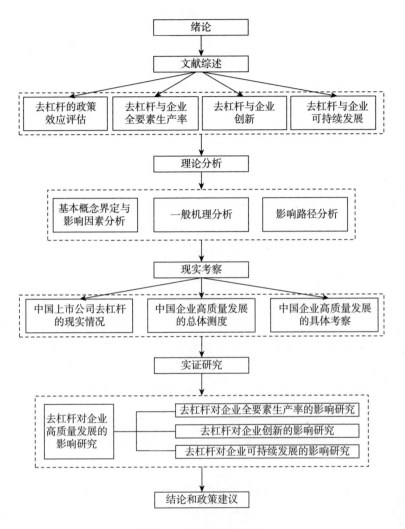

图 1 - 2　研究技术路线

第 1 章为绪论。该章主要介绍本书的选题背景和选题意义、研究思路与框架、研究方法及创新点。

第 2 章为文献综述。该章内容主要包括梳理与本书主题密切相关的重要文献。首先从总的方面梳理关于去杠杆政策效应评估的相关文献;其次从高质量发展三个维度出发,分别梳理去杠杆与企业全要素生产率、企业创新和企业可持续发展的相关文献;最后归纳和阐述已有文献的不足以及本书的拓展之处。

第 3 章为理论分析。该章首先厘清杠杆率与去杠杆、高质量发展两组重要概念的基本内涵，并分析其主要影响因素；其次从适度去杠杆和过度去杠杆两方面构建本书的理论框架，考察去杠杆影响企业高质量发展的一般机理；最后分别从企业全要素生产率、企业创新及企业可持续发展三个方面分析去杠杆对企业高质量发展的影响机制。

第 4 章为中国企业去杠杆和高质量发展的现实考察。该章首先从整体状况及行业异质性、所有制异质性、地区异质性等方面，利用总体杠杆率水平、去杠杆企业占比、去杠杆幅度与波动性、去杠杆的区间分布等指标，综合分析中国上市公司去杠杆的现状。其次，从中国企业高质量发展的总体和各分项指标层面分别考察企业高质量发展状况，介绍高质量发展综合指标和各项指标的测度方法，并对测度结果进行简要分析。

第 5 章为去杠杆对企业高质量发展的影响——总体（综合）研究。该章关注以下问题：去杠杆是否影响非金融企业的高质量发展？去杠杆对企业可持续发展的影响是否因企业异质性而存在差异？进一步，根据最优资本结构理论，去杠杆与企业高质量发展之间的非线性关系是否成立？去杠杆是否也存在一个适度区间？该章首先构建高质量发展综合指标体系，采用主成分分析法计算企业高质量发展水平综合指数；其次对去杠杆影响企业高质量发展进行模型设定，利用中国 A 股非金融上市公司面板数据估计去杠杆对企业高质量发展的影响，从多个方面进行稳健性检验，估计工具变量回归结果，进一步对企业规模、企业所在行业和企业所有制三个方面进行异质性检验，全面地分析去杠杆对企业高质量发展的影响。

第 6 章为去杠杆对企业高质量发展的影响——基于企业全要素生产率的研究。该章关注以下问题：去杠杆对非金融企业全要素生产率提升的政策效果如何？去杠杆通过什么渠道及如何影响企业的全要素生产率？去杠杆对企业全要素生产率的影响是否存在异质性？去杠杆影响企业全要素生产率是否存在门槛效应？该章首先分析去杠杆对企业全要素生产率的影响机制并提出假设。其次，利用 2000—2018 年中国 A 股非金融上市公司的面板数据，采用 OP、LP方法测算企业全要素生产率，基于面板固定效应模型估计去杠杆对企业全要素生产率的影响，并进行稳健性检验和内生性问题讨论。该章进一步讨论了行业异质性、地区异质性和企业规模异质性影响。同时，从研发投入和管理效率两个方面考察了去杠杆对企业全要素生产率的影响渠道。最后，检验了去杠杆影响企业全要素生产率的门槛效应，计算出去杠杆的合理区间。

第 7 章为去杠杆对企业高质量发展的影响——基于企业创新的研究。该章关注以下问题：去杠杆对企业创新的政策效果如何？去杠杆通过什么渠道及如何影响企业的创新？去杠杆对企业创新的影响是否存在异质性？去杠杆与企业创新之间的非线性关系是否成立？基于企业创新视角，去杠杆的适度区间是多少？该章首先分析去杠杆对企业创新水平的影响机制；其次对去杠杆影响企业创新水平进行模型设定；再次利用 CSMAR 上市数据库及 CCER 经济金融数据库的匹配数据实证检验去杠杆对企业创新的影响，进行稳健性检验，并采用工具变量法进行内生性讨论，进一步区分行业技术特征、企业规模和企业所有制进行异质性检验，还从财务费用、管理效率两个方面检验去杠杆的影响渠道；最后检验去杠杆的门槛效应，全面地分析去杠杆对企业创新水平的影响。

第 8 章为去杠杆对企业高质量发展的影响——基于企业可持续发展的研究。该章关注以下问题：去杠杆是否影响非金融企业的可持续发展？去杠杆通过什么渠道及如何影响企业的可持续发展？去杠杆对企业可持续发展的影响是否因企业异质性而存在差异？进一步，根据最优资本结构理论，去杠杆与企业可持续发展之间的非线性关系是否成立？去杠杆是否也存在一个适度区间？该章首先分析去杠杆对企业可持续发展的影响机制；其次基于范霍恩的模型计算企业可持续发展指标；再次对去杠杆影响企业可持续发展进行模型设定，利用中国 A 股非金融上市公司面板数据估计去杠杆对企业可持续发展的影响；最后从多个方面进行稳健性检验，估计工具变量回归结果，进一步从管理费用和财务风险两个方面进行机制检验，从企业规模、企业所有制及企业所在地区三个方面进行异质性检验，全面地分析去杠杆对企业可持续发展的影响。

第 9 章为优化企业杠杆率促进企业高质量发展的政策建议。该章基于全书各部分的研究结论，从政府和企业层面分别就如何引导异质性企业去杠杆、优化资本结构从而实现企业高质量发展提出了相应的政策建议。

第 10 章为研究结论及展望。该章主要归纳本书各部分的主要结论，同时阐述本书存在的缺陷和不足，并对本领域的未来研究方向进行展望。

1.2.3　研究方法

本书主要采取了以下研究方法。

一是文献归纳分析法。本书首先通过梳理有关杠杆率和高质量发展的文献，对二者的基本概念和内涵进行归纳总结；其次整理有关资本结构理论和企业可持续增长理论的相关文献，归纳相关理论演变历程和基本论点；最后对去杠杆政策效应评估、去杠杆影响企业高质量发展不同维度的相关理论和实证文献进行梳理，归纳总结既有研究结论的冲突与不足，进而为本书的研究找到合适的方向。

二是对比分析法。本书中，关于中国上市公司去杠杆的现实考察部分，首先从时间维度对比了中国非金融上市公司去杠杆的动态变化，其次从区分行业和企业所有制，从异质性视角对比分析了不同类型企业的去杠杆行为。在实证研究部分，本书采用对比分析法的思路，从企业规模、企业所有制、企业所在行业以及企业所在地区等异质性特征出发，利用似无相关法进行了分组回归系数的显著性检验，对比分析了去杠杆效应的异质性。

三是计量分析法。本书的实证研究部分采用了多种计量分析方法，以保证研究结论的相对丰富性和可靠性。基于中国上市公司的面板数据，本书首先采用了多维固定效应模型估计了基本回归和稳健性检验的结果。其次，利用工具变量 2SLS 方法对内生性问题进行了讨论。再次，在影响机制检验部分，本书基于中介效应模型，采用两步法对中介变量进行检验。最后，为了验证去杠杆对企业高质量发展的非线性影响，并计算出去杠杆的合理区间，本书引入面板门槛回归模型对待估参数进行估计，得出去杠杆影响企业高质量发展存在双门槛的结论。

1.3 创新点

1.3.1 研究视角的创新

关于企业杠杆率的研究大多讨论的是企业资本结构如何决定，而关注杠杆率影响企业发展的文献较少，且主要集中于研究国外企业，并不适用于分析中国特色社会主义市场经济下的企业杠杆问题。本书基于去杠杆的宏观经济政策，从微观视角选取企业全要素生产率、企业创新和企业可持续发展三个维度衡量企业高质量发展，从高质量发展不同维度的指标和综合指标四个方面，全面考察中国上市公司的去杠杆对企业高质量发展的影响，丰富了已有研究，也为结构性去杠杆政策提供了丰富的经验证据。

1.3.2　研究内容的创新

现有关于杠杆率对企业行为的影响研究，大多关注杠杆率的直接影响，而对影响渠道的讨论略显不足。本书基于企业高质量发展的视角，既从理论分析层面出发探讨去杠杆影响企业全要素生产率、企业创新和企业可持续发展三个维度的具体渠道，又从实证研究层面出发，利用中介效应模型，构造对应的中介变量，分别考察去杠杆影响企业高质量发展不同维度的机制和路径。这不仅丰富了微观去杠杆的相关理论，也为研究去杠杆如何影响企业表现提供了新的思路。

1.3.3　实证策略的创新

现有的实证研究大多利用企业的资产负债率来简单衡量企业杠杆水平，部分学者进一步区分企业长期资产负债率与短期资产负债率，此种衡量方式无法直接反映杠杆率变动对企业发展的影响。本书以企业资产负债率的变动程度来衡量企业去杠杆，结合企业杠杆的长短期效应，并考虑企业去杠杆的非线性结构，因而能更为有效地考察企业去杠杆的政策效应及其影响机制。此外，已有研究对杠杆率非线性影响的考察大多采用二次项的方式，检验杠杆率与企业表现之间是否存在"U"形关系。一方面，二次项只能检验简单的"U"形关系，得到影响效应反转的拐点，但从现实情况来看，杠杆率与企业表现之间往往呈现多层复杂关系，二者关系的转折点可能不止一个；另一方面，用杠杆率水平而非去杠杆作为解释变量，仅仅考察了企业应当维持的合理杠杆率水平，但实际上企业的杠杆率是动态变化的，而且在提出去杠杆政策之后企业以什么样的水平去杠杆也是值得研究的重要问题。因此，本书选取去杠杆作为解释变量，并利用面板门槛效应模型计算企业去杠杆的合理区间，既为相关研究提供了新的研究思路，也为企业进行杠杆率的动态调整提供了决策依据。

第 2 章　企业去杠杆与高质量发展相关文献综述

2.1　去杠杆政策效应评估的相关研究

2.1.1　宏观经济层面

2008 年国际金融危机之后，世界范围内的宏观杠杆率水平大幅提高，各国政府相应出台系列政策降低负债水平，国外学者也开始关注宏观层面去杠杆的经济效应。Raberto 等（2011）研究了主要发达国家的宏观经济周期，认为无论是公共部门还是私人部门的负债率都是影响宏观经济增长的重要因素。他们利用 Eurace 模型进行数值模拟，发现去杠杆显著影响宏观经济周期，其表现为，去杠杆首先会导致金融系统的崩溃和经济衰退，但随着长期的去杠杆化，经济逐渐复苏。Eggertsson 和 Krugman（2012）提出一个债务驱动模型（Fisher – Minsky – Koo model）研究去杠杆的宏观经济效应。他们认为，去杠杆导致经济部门中债务过剩的代理人迅速脱离高负债威胁，压制了总需求的增长，从而可能导致流动性陷阱和经济衰退。Benigno 和 Romei（2014）从国际金融的视角出发，基于两国经济模型推导，发现去杠杆会导致本币短期贬值而长期升值，同时本国实际利率大幅下降，从而引发严重的经济衰退。Kuvshinov 等（2016）认为，去杠杆会产生通货紧缩效应，导致货币政策失效和总产出大幅减少，从而抑制经济增长。此外，还有学者认为去杠杆导致了经济衰退（Reinhart 和 Rogoff，2010；Midrigan 和 Philippon，2011）、宏观经济波动（Aghion 等，2010）和减少资本市场流动性（Qiu 等，2021）。

国内研究大多是从 2015 年中央提出去杠杆的工作任务之后开始的。潘敏和袁歌骋（2018）利用 1980—2015 年的跨国面板数据，实证检验了金融去杠杆对宏观经济的影响，发现金融去杠杆显著抑制了经济增长并加剧了宏观经济波动。庄子罐等（2022）基于金融经济周期模型，利用数值模拟发现去杠杆导致中国宏观经济出现"扩张—收缩"的波动特征。杨柳等（2021）基于纳入银行部门的 RBC 模型进行数据模拟，发现金融去杠杆可能导致宏观经济不稳定性。郭文伟等（2022）发现，非金融部门去杠杆显著抑制了房地产金融市场的溢出风险。巴曙松等（2022）则从区域宏观经济的角度，发现去杠杆显著促进了区域经济的高质量发展。

2.1.2　微观经济层面

从国外的研究来看，MM 理论最早涉及企业去杠杆的经济效应。Modigliani 和 Miller（1958）认为，由于税收、破产和代理成本的存在，资本结构会对企业绩效产生影响。Clayton（1976）则认为，存在一个最优的企业资本结构，企业绩效会随着资本结构偏离最优状态而受到负面影响。因此，当过度负债企业去杠杆时，企业业绩会因资本结构的优化而显著提升。根据最优资本结构理论，国内学者利用中国企业层面的数据对去杠杆的经济效应展开了研究，主要分为正向效应和负向效应两类：第一，正向效应。綦好东等（2018）利用中国 2012—2017 年过度负债的上市公司数据，实证检验了杠杆率变动对企业绩效的影响，研究发现，去杠杆与企业绩效显著正相关。乔小乐等（2018）基于中国制造业上市公司数据的研究表明，去杠杆能够显著提高企业的资金使用效率。王奇杰等（2020）发现，中国上市公司去杠杆的实施，显著提高了企业的会计稳健性水平。窦炜（2021）发现，去杠杆有效抑制了企业"脱实向虚"倾向和过度投资行为。梁安琪和武晓芬（2021）发现，对于过度负债企业，去杠杆通过提高企业投资效率显著促进了企业绩效的提升。第二，负向效应。马永强和张志远（2021）发现，以银行业金融为主导的地区，企业去杠杆会显著增加金融资产配置的比重，从而加大企业的金融风险。郑忠华和汤雅雯（2021）也发现，去杠杆显著提高了企业交易性金融资产的持有，刺激企业进一步脱离实体经济。Chen 等（2022）利用中国上市公司的数据，发现去杠杆政策通过收紧流动性和提高债务成本从而增加了企业债务违约的风险。郑晟祺（2022）的研究表明，去杠杆导致企业经营风险提高，进而不利于企业创新。Do 等（2021）则发现去杠杆会限制投资人预期，降低企业的股票回报率。

2.1.3　已有文献的研究方法

根据研究方法的不同，已有文献对去杠杆政策效应的研究主要分为以下几类：第一类是宏观层面采用的理论模型推导和数值模拟的方法，如债务驱动模型（Eggertsson 和 Krugman，2012）、两国经济模型（Benigno 和 Romei，2014）、Eurace 模型（Raberto 等，2011）、DSGE 模型（庄子罐等，2022）。这类方法的适用性较差，通常只能用于宏观领域的研究而无法应用于微观企业的研究。第二类是微观层面研究常用的线性回归模型，利用企业层面的面板数据展开研究。例如，楚有为（2021）利用 2015—2018 年中国非金融上市公司的面板数据，实证考察了去杠杆对企业股价崩盘的影响，并采用纳入交互项的方法检验其影响渠道。第三类是非线性关系的研究方法，包括基于线性回归模型的二次项方法和面板门槛回归模型。例如，王玉泽（2019）采用二次项的方法考察了杠杆率与企业创新之间的关系，发现杠杆率与企业创新投入和产出间呈倒"U"形关系；李高雅等（2021）采用面板门槛回归模型估算了有效促进企业创新活动的最优企业杠杆率区间。第四类是关注因果推断的双重差分方法。部分文献将 2015 年中央经济工作会议提出去杠杆的工作任务视为准自然实验，利用双重差分的研究设计，估计去杠杆政策对企业表现的平均处理效应（曹平和张伟伟，2021；窦炜和张书敏，2021；王学凯等，2021；吴丹和郑攀攀，2021；郑忠华和汤雅雯，2021）。需要指出的是，尽管双重差分方法在处理内生性问题和估计政策效应真实水平等方面具有天然优势，但是双重差分模型估计是否准确有效，是建立在选取了合理的处理组和控制组基础之上。一方面，2015 年的去杠杆政策并非直接作用于微观企业，而是通过宏观层面的经济和政策手段对债务市场进行调控，从而实现降低非金融企业杠杆率的目标。另一方面，去杠杆政策并非强制性的，因而企业可以根据对自身经营情况和外部环境的判断来调整杠杆率，使处理组的样本存在自选择性。因此，简单使用双重差分方法考察去杠杆的政策效应，其结论的科学性和可靠性值得商榷。

2.2　去杠杆与企业全要素生产率的相关研究

针对杠杆率和全要素生产率间的关系的研究主要分为以下三种观点。

2.2.1　支持促进论的观点

部分学者认为，杠杆率对企业全要素生产率主要起促进作用，主要是基于公司的内部治理视角。现代股份制企业中股权和经营权的分离致使经理人有挥霍公司资产的潜在可能，而当公司的规模一定时，债务融资比例的增加能够相对提升经理持股比例，从而提升经理人的挥霍成本（Jensen 和 Meckling，1976），并且相较于发放股利或股票回购对经理人的软性约束，通过负债方式取得的资金必须在债务到期前偿还约定的本息，会对经理人支出自由现金流量产生硬约束，减少经理人对公司自由现金流的滥用（Jensen，1986），从而减少经理人的自利行为，降低企业的代理成本，提高企业的整体效率。具体的研究如：Gomis 和 Khatiwada（2017）基于 100 多个国家 30 年间的微观企业数据的研究结果显示，企业的杠杆率水平与全要素生产率间存在显著的正相关关系，且这种效应存在边际递减的倾向，但并未观测到某个会使这种效应消失的阈值；汪辉（2003）、李世辉和雷新途（2008）基于中国上市公司数据的研究验证了债务融资对于加强公司治理、抑制代理成本、增加公司全要素生产率的积极作用。

2.2.2　支持抑制论的观点

支持抑制论观点的学者主要基于风险控制的视角。他们认为，较高的杠杆率也会加大企业的债务违约风险，加之信息不对称的客观存在，会导致债权人高估企业的违约可能和违约损失，从而严重恶化企业的外部融资环境，严重抑制企业的投资行为和产出效率（Kiyotaki 和 Moore，1997）。由于企业违约破产风险的提升，员工也会要求支付弥补性工资，使企业的人力成本提高，从而提高生产性成本，对全要素生产率的提升产生阻碍作用（Berk 等，2010）。出于维持偿债所需的现金流考虑，企业就会更为偏好短期投资机会，导致投资的效率和质量降低，从而影响企业生产效率（Maksimovic 和 Titman，1991）。此外，高杠杆率的企业也会挪用原本用于正常生产和投资活动的资金去主动清偿债务，这也会严重损害企业产量和生产效率（Pagano 等，2010）。从实证研究来看，何光辉和杨咸月（2012）基于 2003—2009 年中国制造业上市公司面板数据的研究证实，企业的负债率会严重加剧其受到的外部融资制约，从而显著抑制企业生产率的提升。胡海峰等（2021）基于2007—2019年中国上市公司数据，发现企业债务杠杆对全要素生产率的提升具有显著的阻碍作用。

2.2.3 支持折中论的观点

除以上两种观点，大部分学者基于权衡理论的视角认为，对于杠杆率和全要素生产率间的关系的认识不能只是简单的"一刀切"，二者之间的相关关系可能会随着企业财务状况的改变而动态变化，表现为一种存在拐点的非线性关系。权衡理论认为，低负债时，债务融资会为公司带来净利益，但这种净利益会随着杠杆率的增加而降低，那么公司绩效和杠杆率间必然存在一种非单调的关系，根据非线性关系图形的形态结构，分为倒"U"形和正"U"形两类。第一，倒"U"形结构。Coricelli等（2012）基于中欧和东欧国家的企业样本，发现杠杆率和企业全要素生产率间存在一种"驼峰"状的关系，在杠杆率达到某个阈值之前，全要素生产率的增长随着杠杆率的提升而加快，杠杆率超过这个阈值之后，杠杆率就会开始显著抑制全要素生产率的增长。胡育蓉等（2019）基于中国上市公司微观数据的研究也显示，企业杠杆率会对全要素生产率产生显著的倒"U"形作用，并且这种动态影响呈现显著的生命周期特征。施本植和汤海滨（2019）利用上市公司的数据同样发现，企业杠杆率与全要素生产率直接呈倒"U"形关系，当杠杆率超过59.8%时，企业杠杆率越高越不利于全要素生产率的提升。盛明泉等（2019）也得到类似的结论。第二，正"U"形结构。张杰（2019）基于中国的现实情况，认为杠杆率会通过"利息成本负担渠道"对全要素生产率产生抑制作用，通过"固定资产投资渠道"产生促进作用，最终作用的结果在于两种作用力间的权衡，从而使中国的工业部门中存在杠杆率和生产率的"U"形关系。罗来军等（2016）基于中国工业企业数据库的研究验证了张杰（2019）的结论，结果表明，企业债务杠杆水平与全要素生产率间呈现"U"形关系，并存在一个70%的警戒线，当企业的资产负债率在这一警戒线以内时，就会对全要素生产率产生显著的负面影响。宋清华和林永康（2021）发现，仅在国有企业中，杠杆率与企业全要素生产率之间呈正"U"形关系，但这一结论在民营企业中并不成立。

2.3　去杠杆与企业创新的相关研究

现有研究关于杠杆率和企业创新的观点主要分为以下三种。

2.3.1　促进论

支持促进论的学者认为，杠杆率的适度提升有利于企业创新活动的开展，创新活动往往需要大量且持续的资金注入（Hottenrott 和 Peters，2012），这单靠企业的内源性融资往往很难实现（张杰等，2012），而适当的杠杆率可以通过财务杠杆的放大效应，为企业提供良好的现金流，从而促使企业出于长远发展的目的考虑增加研发支出，同时降低企业创新活动因资金链断裂而被迫中断的风险（王玉泽等，2019）。此外，由于税盾效应的存在，债务规模的扩大可以为企业带来一定的避税效应，从而充裕其用于研发创新活动的资金，为创新活动营造更为稳定的企业环境（樊勇和王蔚，2014；王玉泽等，2019）。创新活动的保密性和无形性使企业和外部投资者间面临着严重的信息不对称，而通过加杠杆引入金融中介机构可以有效缓解这一问题，降低逆向选择和道德风险，从而显著降低企业创新活动的外部融资成本，促进企业创新活动的顺利开展（Laeven 和 Valencia，2012）。从具体的实证研究来看，Bartoloni（2013）利用 1996—2013 年意大利企业的数据实证研究发现，当研发资金不足时，企业会优先选择外部债权融资来满足研发需求，即通过提高杠杆率补充研发资金，从而促进企业创新。吕民乐和王晓虎（2010）基于 2005—2007 年汽车制造业上市公司面板数据的研究，从实证角度支持了杠杆率对于研发投入的积极作用。李寿喜和石佳鑫（2021）采用汽车行业上市公司的样本研究发现，适度的财务杠杆有利于汽车企业维持创新活力。徐斯旸等（2021）基于 2010—2019 年 A 股上市企业的数据研究发现，杠杆率对企业创新投入和创新产出具有显著的驱动作用，且杠杆驱动效果对于成熟和成长型企业、民营企业更有效。

2.3.2　抑制论

支持抑制论的学者则认为，创新本身伴随大量的风险和不确定性，从研发计划的提出到产品商业化落地往往伴随漫长的投资过程（Hall 和 Lerner，2010），举债从事创新活动的企业往往使企业面临巨大的经营风险和财务风险，严重打击企业进行创新研发的积极性（Long 和 Malitz，1985），且根据信号理论，过高的杠杆率会严重降低企业财务稳定性，加大破产风险，向市场发送消极信号，影响企业融资（周勤和盛巧燕，2004），从而恶化企业的外部融资环境，打击企业创新的资金持续性。由于委托代理问题的存在，经理人为了保证自身任期内的业绩表现，有动机减少创新投入（He 和 Tian，2013），在企业资金紧张时延缓企业投资（Hirth 和 Viswanatha，2011）甚至中断研发项目（Li，2011）。此外，抬升杠杆所引致的破产风险也会造成研发人员的信心和凝聚力下降，从而阻碍创新活动的顺利开展（段海艳，2016）。从国外的研究来看，Hall（1992）、Aivazian 等、Matsuo 和 Ogawa（2007）分别利用美国、加拿大和日本的企业面板数据进行研究，发现债务杠杆对企业创新活动具有消极作用。在国内的研究中，例如，肖海莲等（2014）发现，高杠杆导致的债务融资约束抑制了探索式的企业创新活动。朱琳等（2021）发现，高杠杆通过提高风险压力和调整成本抑制了企业创新。

2.3.3 折中论

折中论的学者认为，杠杆率对企业创新的影响在于以上两种力量的动态平衡，作用效果应当随着杠杆率水平的变化而产生分化。Berzkalne 和 Zelgalve（2013）用拉脱维亚上市公司的数据实证发现，随着企业杠杆率的提高，企业创新呈现出先上升后下降的倒"U"形走势。罗能生等（2018）基于2010—2015年沪深 A 股上市公司面板数据的研究表明，杠杆率对企业创新的影响存在门槛效应，当杠杆率处于9.3%~37.1%的范围时，杠杆率的提升能够最大化促进创新投入和创新产出，同时，这一最优区间随企业规模的异质性存在差异。王玉泽等（2019）基于上市公司的数据进一步证明，杠杆率与创新投入、创新产出间存在倒"U"形关系，与创新风险间存在"U"形关系，当杠杆率低于43.01%时其对企业创新产生促进作用，但当杠杆率高于这一阈值时，杠杆率的创新促进作用就转为抑制作用。李高雅等（2021）选取2015—2018年中国上市公司的数据进行实证研究，发现企业杠杆率维持24.69%~39.09%的区间更有利于企业创新。

2.4　去杠杆与企业可持续发展的相关研究

现有研究中关注杠杆率与企业可持续发展的文献相对较少。徐春立（2006）认为，企业财务杠杆的选择是实现企业可持续发展的重要影响因素，灵活的财务杠杆政策以及与期望现金流相匹配的财务杠杆是企业可持续发展的重要保障。宋凤柱（2018）认为，对企业可持续发展而言，财务杠杆是一把"双刃剑"，一方面，企业基于财务杠杆的优势，利用投资收益率与债务利息率的利差获取可观的经济效益；另一方面，杠杆率过高又会增加企业的财务风险，从而不利于企业的可持续发展。刘祥平（2010）基于企业可持续发展的财务选择模型，研究发现杠杆率与企业可持续发展之间存在双向互动关系，企业财务杠杆的运用影响了企业的增长速度，但可持续发展要求企业保持适度的增长率，过慢或过快的增长水平均不利于企业长期的可持续发展，因此企业的可持续发展水平反过来制衡了财务杠杆的过度扩张。从实证研究来看，施本植和汤海滨（2019）利用中国上市公司数据，研究发现企业杠杆率与企业发展水平直接呈倒"U"形关系，当杠杆率小于 59.8% 时，杠杆率对企业发展发挥促进作用。靳曙畅（2019）则从债务异质性视角进一步考察杠杆率对企业可持续发展的影响，认为企业债务异质性越高，企业的可持续发展能力越强。

2.5　文献述评

通过归纳和总结发现已有文献主要存在以下几个方面的不足：第一，研究结论不同。在去杠杆政策效果评估的研究中，已有文献得出促进和抑制两类结论。而研究杠杆率与企业全要素生产率、企业创新关系的文献中，除促进论和抑制论外，还得到了非线性关系的理论（折中论）。这可能有以下两个方面的原因：一是研究对象不同。例如，李寿喜和石佳鑫（2021）选择汽车行业企业作为样本，马草原和朱玉飞（2020）选择中国工业企业数据库的制造业企业作为样本，而大部分研究选择的是中国非金融上市公司作为研究对象。二是研究时期不同。由于宏观经济环境往往存在周期性，而企业的杠杆率选择很大程度受外部经济环境的影响，因此不同时期企业采取的财务杠杆战略不同，同时企业债务的构成也不同，从而导致采用不同时期的数据可能得出不同的研究结论。第二，研究方法误用。近年来对去杠杆政策效应的评估，部分学者采用双重差分模型进行估计，忽视了双重差分模型的使用条件，存在误用和滥用的情况（前面分析了误用的原因，在此不再赘述）。第三，研究视角选择不当。现有文献已经关注到杠杆率与企业表现之间存在非线性关系，同时部分学者开始应用非线性门槛回归模型估计企业的最优杠杆率区间，但未有文献关注去杠杆的门槛效应，对于企业作出优化资本结构的决策来说，掌握去杠杆的合理区间和了解企业的最优资本结构同样重要。

第3章　去杠杆影响企业高质量发展的理论分析

3.1　基本概念界定与影响因素分析

3.1.1　杠杆率与去杠杆

3.1.1.1　定义及衡量

经济学范畴下的"杠杆率"的概念起源于几何学，最早出现于微观企业研究的层面，指的是某一经济主体在某一时刻以某一经济指标所承担的负债总额与这一经济指标的比率，或是该经济主体通过负债的方式以较小的权益资本控制较大的总资产规模的比率（中国人民银行杠杆率研究课题组，2014；纪敏等，2017；王国刚，2017）。在现有研究中，由于出发角度、研究对象和研究目的不同，研究者往往会采用不同的分子和分母，产生了诸多含义不同的杠杆率指标。在微观层面，负债总额与资产总额之比、负债总额与资本总额之比、负债总额与股东权益之比、流动负债余额与资产总额之比、资本余额与贷款余额之比、资产总额与股东权益之比等，以及上述指标的倒数，都可用于衡量微观杠杆率，其中资产负债率指标的应用最为普遍（纪敏等，2017；宫汝凯等，2019；邹静娴等，2020）。在宏观层面，杠杆率的衡量指标则包括各部门负债总额与 GDP 之比、社会融资余额与 GDP 之比、年末债务余额与当年政府综合财力之比、广义货币供应量和 GDP 之比等（中国人民银行杠杆率研究课题组，2014）。

去杠杆又称降杠杆，英文译为 deleveraging，即降低杠杆率水平。已有研究对去杠杆的考察采用以下几种方式：第一，仅采用资本负债率衡量的企业杠杆率水平来研究去杠杆。例如，乔小乐等（2018）实证研究去杠杆对企业资金使用效率的影响，将杠杆率作为核心解释变量，当杠杆率的系数显著为负时，说明降低杠杆率有助于提高企业资金使用效率。第二，基于双重差分模型构建 Treat×Post 变量研究去杠杆。例如，吴丹和郑攀攀（2021）利用 2012—2019 年上市公司数据，将 2015 年中央经济工作会议提出去杠杆的工作任务视为准自然实验构造 DID 变量，其中 Post 为政策实施年份的虚拟变量，Treat 变量依据 2015 年之前负债水平是否高于 0.65 划分为处理组和对照组。第三，采用杠杆率的变动水平进行衡量。例如，綦好东等（2018）用企业杠杆率的变动水平衡量去杠杆，即用企业的上一期杠杆率减去当期杠杆率，杠杆率变动水平为正则意味着企业去杠杆，因此，当核心解释变量杠杆率变动水平的回归系数显著为正，则说明去杠杆对企业表现具有促进作用，反之则相反。综合以上方法，本书借鉴綦好东等（2018）的做法，选用杠杆率变动水平衡量去杠杆，并进一步构造企业去杠杆的虚拟变量作为替代解释变量用于稳健性检验。

3.1.1.2　影响因素分析

已有文献对企业杠杆率影响因素的研究主要可分为以下两类：第一，外部经济环境因素。黄继承和姜付秀（2015）认为，企业面临的产品市场竞争越激烈，企业杠杆率调整的速度也越快。郑曼妮和黎文靖（2018）也认为，市场竞争能够有效推动企业去杠杆。纪敏等（2017）认为，微观企业的高杠杆率水平主要由交易成本和税收负担过重导致。李建军和张书瑶（2018）也认为，税收负担重是企业杠杆率提高的重要因素，此外，地方政府的财政补贴也对企业杠杆率的提高产生显著效应。王连军（2018）认为，地区金融发展水平越高，企业杠杆率调整的空间越大，企业去杠杆效果也更显著。纪洋等（2018）认为，经济政策不确定性影响了企业杠杆率水平，其基于 Baker 等，（2013）的经济政策不确定性指数的研究发现，国有企业的杠杆率水平随着经济政策的不确定性提高而增加，但对非国有企业恰好相反。此外，还有学者研究金融市场化（李娟等，2020）、利率市场化（郑曼妮和黎文婧，2016）、产业禀赋（陈志强等，2019）、金融市场结构（谭小芬等，2019）、市场冲击（孙巍和耿丹青，2021；孙巍等，2021）、媒体压力（谢获宝和黄大禹，2020）等产业或地区层面的外部因素对企业去杠杆的影响。第二，企业自身的内部因素。陆正飞等（2015）认为，所有制差异是企业过度负债的重要影响因素，相比于非国有企业，国有企业过度负债的可能性更低。韩云（2017）认为，现金股利与企业杠杆率之间呈倒"U"形关系。于博（2017）认为，企业进行技术创新通过增强其市场竞争能力和风险应对能力，能够有效促进企业降低负债水平。周茜等（2020）认为，公司内部的治理水平也对企业去杠杆产生影响，治理能力相对较差的企业更有激励减债去杠杆。

3.1.2　企业高质量发展

3.1.2.1　定义及衡量

自党的十九大报告指出"我国经济已由高速增长阶段转向高质量发展阶段"以来，学术界对于经济高质量发展的概念进行了广泛而深入的探究，作为区别于高速增长的一种经济发展态势，高质量发展的内涵表现出了高度的多维性和丰富性（金碚，2018）。国家发展改革委经济研究所课题组（2019）认为，高质量发展的核心内涵是供给体系质量高、效率高、稳定性高，因此推动经济高质量发展的根本路径在于质量变革、效率变革和动力变革。赵剑波等（2019）则从系统平衡观、经济发展观、民生指向观三个角度着手，认为高质量发展既是发展观念的转变，也是增长模式的转型，更是对民生水平的关注。从国家的角度来看，发展本质上是一国追逐和保持规模报酬递增效应的过程，那么低质量发展就是长期从事完全竞争生产活动的结果，发展动力仅仅源于人口红利和资源禀赋，边际报酬递减且发展不可持续，而高质量增长则是构建和维持竞争优势的结果，发展动力源于人口质量、社会质量和制度质量的不断提升，边际报酬递增且具有高度的可持续性（高培勇等，2020）。类似地，企业的高质量发展也可以认为是企业的一种超越以往仅仅依靠要素投入的增加和规模扩张的粗放型发展方式、保有高度可持续的竞争能力的新状态，是集约型发展范式、内涵式发展范式和可持续发展范式的高度集成，这就要求对于企业发展状况的评价不能仅仅是一个短期概念，还需要能够在一个较长的时间框架下进行审视和界定（黄速建等，2018）。

已有文献对产业层面或企业层面发展质量的刻画主要分为综合指标评价法和单指标评价法两类。在综合指标评价法方面，唐红祥等（2019）从经济发展质量、效率和动力三个子系统着手，构建了制造业发展质量的复合指标，其包含发展速度、发展效益、中高端产业结构、市场配置、服务保障、创新商业化和创新潜力七个子指标。针对同一主题，江小国等（2019）则从经济效益、技术创新、绿色发展、质量品牌、量化融合和高端发展六个维度着手评价和量化了制造业高质量发展水平。显然，综合指标评价法评估体系的构建更多的是基于评估者的主观分析，思路和视角不同，得到的评估结果也不尽相同，难以得到客观、统一的评价（陈昭和刘映曼，2019）。综合指标评价法多用于对行业、地区整体发展质量的笼统评估，当评估的客体足够微观以致存在大量的差异性时，评估结果的可靠性就会大打折扣，因此现有研究更多采用可操作性强且更为客观的单指标评价法对企业的发展质量进行研究。在这些研究中，全要素生产率因为其信息丰富和综合性强的特点被研究者普遍使用（石大千等，2019；施本植和汤海滨，2019；陈昭和刘映曼，2019）。除此之外，也有学者基于2018年中国企业综合调查数据，从产品创新、工艺创新、追求卓越的愿景、质量投入是否明显增加、质量的整体投入强度、追踪和满足用户需求的程度六个维度考察了企业高质量发展水平（陈太义等，2020）。

基于以上分析，本书将企业高质量发展定义为企业实现"高效率、有活力、可持续"的发展。其中，"高效率"对应企业的全要素生产率水平，衡量企业当前的效率水平；"有活力"对应企业的创新水平，创新是企业保持竞争活力的核心手段之一；"可持续"对应企业的可持续发展水平，任何形式的发展都需要保持适度水平，任何对企业未来发展的预期都建立在企业可以实现可持续发展、能够在市场中长期存活下来的基础上。本书对企业高质量发展的定义主要基于以下逻辑：第一，以体现企业效率为核心。顾名思义，高质量发展的核心内涵是"质量"，而体现发展质量最好的指标就是"效率"。一方面，高效率意味着低投入、高回报，企业实现高投资回报率。另一方面，从全社会来看，企业提高效率有效地缓解了资源稀缺性、环境污染等问题。同时，全要素生产率水平高也意味着技术水平高，由于市场竞争效应和学习模仿效应，高效率企业既可以通过市场竞争淘汰落后企业，实现市场资源的优化配置，还可以发挥示范效应，向其他企业进行先进技术的溢出，从而实现行业整体效率的提升。第二，综合短期和中长期视角。已有研究对企业高质量发展的刻画主要考察企业的经济效应，而忽略了对企业短期和中长期发展的综合考量。在本书的定义中，衡量"高效率"的企业全要素生产率体现的是企业短期的效率水平，"有活力"对应的是企业创新水平。已有研究发现，企业创新是实现企业全要素生产率持续提升的关键因素之一，如何维持企业的高效率和高质量发展，核心手段就是保持企业的创新活力，不断进行产品研发和工艺创新，从而在持续提高自身竞争力和经营效率的同时维持企业的高质量发展。而"可持续"对应的是企业可持续发展水平，企业可持续发展水平是决定企业是否能在市场中长期存活的重要基础。从时间维度来看，要想在日趋激烈的竞争中保持自身的市场地位，必须要在长期内具备持续发展的能力，从而达到企业持续高质量发展的目标。本书综合企业短期和中长期发展的关键因素对企业高质量发展的内涵加以刻画，更具有科学性和可行性。

接下来，基于本书对高质量发展的定义，分别从企业全要素生产率、企业创新和企业可持续发展三个方面进行分析。

一是企业全要素生产率。全要素生产率源于 Solow（1957）的经济增长模型，提出了各要素投入在生产过程中的利用效率和强度（Zhang 和 Liu，2017），是直观衡量企业生产效率的关键指标。从生产函数和估算全要素生产率的方法来看，企业全要素生产率估计的是生产函数中无法被模型中其他所解释的残差部分，因此在经典的柯布—道格拉斯生产函数中，可以将全要素生产率理解为总产出中剔除资本和劳动两大要素的贡献之后的剩余部分，也称为索洛剩余（Solow residual）。尽管随着微观经济学和计量经济学的进步，现有研究对全要素生产率的估计从经典的柯布—道格拉斯生产函数的参数估计，演变到采用 LP 法、OP 法等半参数估计方法。但是新的估算方法主要考虑的是内生性问题对全要素生产率估算产生的干扰，全要素生产率指标的内涵并没有发生变化。目前，全要素生产率的估计主要有 OLS、FE、LP 和 OP 等方法，它们均基于生产函数估计索洛剩余。其中 OP 法由于更好地处理了内生性问题被广泛应用，因此，本书的实证部分主要采用 OP 法估算的全要素生产率进行研究，在稳健性检验部分选用其他不同方法估计的全要素生产率进行估计，避免估算方法误差所导致的系统性偏差，保证本书结论的科学性和稳健性。

二是企业创新。"创新"一词在经济学领域最早是由 Joseph Alois Schumpeter 于 1912 年在其著作《经济发展理论》中提出。在该书中，Schumpeter 认为，创新的本质就是生产要素的重新组合，通过创造一个全新的生产函数，把一个前所未有的更具效率的生产要素和生产条件的新组合引入生产体系，从而"创造性地破坏"，促使生产要素由旧的落后的配置方式转移向新的高效的配置方式，新旧交替，推动经济的循环累进发展。在 Schumpeter 的框架下，他认为，创新存在五种形式：引入新产品、开发新工艺、开辟新市场、获取新的原材料供应来源和采用新的组织方式。在这一理论的基础上，后续研究者对经济增长理论的不断深化进一步肯定了创新的重要地位。Robert Merton Solow 于1956 年提出的外生经济增长理论认为，经济增长的路径是稳定的，在长期下只有创新所带来的技术进步才能够推动人均产出的永久性增长。Paul Romer 在Solow 的基础上将技术的变化内生化，于 1990 年提出内生经济增长理论。他指出，创新源于追求利润最大化的企业进行有意识的研发投资，投资刺激知识的积累，知识积累又反过来促进投资，从而形成经济增长良性循环。目前，已有研究对企业创新的衡量方式主要分为两类：第一类衡量方式基于创新投入的视角，采用企业的研发支出和研发投入强度对企业的创新水平进行度量，如Brown 等（2009）以研发支出为创新的代理变量，通过美国企业层面的数据验证了金融、创新和增长间的内在联系，李文贵和余明桂（2015）以企业年度研发支出占总资产比重计的研发投入强度衡量了企业创新水平。第二类衡量方式则是从创新产出的角度出发，主要采用专利的申请量及新产品的种类和数量作为企业创新水平的代理变量，如王雄元和卜落凡（2019）以专利申请量对企业创新进行衡量，从而考察了国际贸易对企业创新的积极推动作用，而王文春和荣昭（2014）、毛其淋和许家云（2014）则分别通过企业新产品的产值和销售额来对企业的创新倾向和强度进行度量。

三是企业可持续发展。可持续发展这一概念的提出最早可以追溯到 1980年由国际资源和自然保护联合会等国际组织联合发布的《世界自然资源保护大纲》，并在 1987 年由《布伦特兰报告》系统阐述。该报告指出，可持续发展是一种"既能满足当代人的需求，又不损害后代人满足其需求之能力的发展"。针对可持续发展的早期研究大都基于人类、环境、经济、社会等宏观要素的平衡和耦合展开，但随着研究的深入，可持续发展的内涵开始日益体现出了模糊性，其关注者基于自身不同的立场抽象出多重内涵，形成多种不同的衍生物（Giddings 等，2002；张晓玲，2018）。在微观企业层面，当下关于可持续发展问题的讨论已经成为众多企业管理者不可忽视的一个重要议题，并被大量企业提升至战略性高度（王青等，2018）。关于企业可持续发展的定义，目前仍未达成统一的认识，不同学者基于各自的研究视角和理解对这一概念进行了不同的界定，但其核心部分基本一致，即企业在其发展过程中，既要保证自身具有持续的盈利能力以维持基本生存，又要保护、维持和提高各项资源利用效率以确保其长期的竞争优势，关键在于保证各项财务指标的稳定性和合理性（苏屹等，2018）。目前，对于企业可持续发展能力的衡量方式主要分为三类：第一类用单一指标进行衡量，如净资产收益率（周水银和陈荣秋，2000）、每股收益率（赵宇龙，1998）、股权结构（张红军，2000）及上市公司是否受到"ST"警示等特殊处理（邱英和干胜道，2006）。第二类是通过构建指标体系进行衡量，如 Callens 和 Tyteca（1999）以经济、社会和环境效率等因素构建的企业可持续发展指标体系，Bansal（2005）以环境完整、社会平等和经济繁荣三个原则构建的企业可持续发展指标体系，郝爱民和胡沛枫（2005）从生存能力、竞争能力、治理结构规范程度和环境协调能力四个方面建立的上市公司可持续发展综合指标体系，以及朱光曦和马占新（2008）利用 DEA 方法基于企业偿债能力、运营能力、盈利能力和成长能力四个方面对企业可持续发展能力进行的综合评价。第三类有代表性的是 Higgins（1981）和 Van Horne（1988）提出的企业可持续增长（SGR）模型。考虑到构建指标体系存在一定主观性，而企业可持续增长（SGR）模型已被学者们广泛认可和运用，因此本书基于 Van Horne 的可持续增长模型测算中国上市公司的可持续发展能力。

3.1.2.2　影响因素分析

关于企业全要素生产率的影响因素，通过梳理发现，其主要包括几个层面的因素：一是在制度环境层面，如环境规制、政府质量和贸易自由化等。王杰和刘斌（2014）的研究表明，环境规制和企业全要素生产率间存在倒"N"形关系，合理水平下的环境规制可以促进企业生产效率的提升；韩超和胡浩然（2015）的研究也支持这一观点，认为环境规制对 TFP 的影响在于累积学习效应与挤出效应的力量对比。对于政府质量的讨论，聂辉华等（2014）认为，腐败对不同类型的企业有不同的影响，对固定资产比例更高、中间产品结构比较复杂的企业具有更大的负面影响；徐保昌和谢建国（2015）的研究则指出，较高的政府质量可以有效提升政府补贴对企业全要素生产率的促进作用。贸易自由化的研究分为两方对立观点：一方认为，贸易自由化压缩了本土企业的市场份额和规模经济，因而可能阻碍本土企业生产率的增长（Kurgman，1987；Young，1991）；而另一方则认为，贸易自由化带来的进口竞争压力为本土企业提高生产率提供了激励（Baumol 和 Lee，1991；Holmes 和 Schmitz，2010），简泽等（2014）基于中国数据的研究证实了促进作用一方的观点。二是在产业发展层面，如产业集聚和产业政策等。产业集聚所带来的正外部性对于企业生产效率的改善作用作为空间经济学的基本准则已经被广泛验证（Proost 和 Thisse，2019），并由范剑勇等（2014）基于中国企业数据所证实，学术界观点较为统一。而产业政策的一侧则存在较大争议，林毅夫等（2018）基于中国工业企业的研究表明，经济开发区这一区域型产业政策对企业全要素生产率存在积极影响，钱雪松等（2018）则基于中国上市公司的数据得到了相反的结论，十大产业振兴规划这一政策冲击造成了企业的全要素生产率的显著下降，Harris 和 Moffat（2020）基于英国制造业企业的研究也支持了钱雪松等（2018）的观点，发现高产品补贴率对企业的全要素生产率存在不利影响。三是在基础设施层面，Holl（2016）和 Ghani 等（2015）分别利用西班牙制造业企业数据和印度"黄金四角项目"建设的准自然实验考察了高速公路可达性对企业全生产率的影响，其结论表明，良好的基础设施通过吸引经济活动集聚的渠道促进了企业生产率提升，刘冲等（2020）也基于中国的数据验证了这一结论。此外，石大千等（2020）的研究表明，智慧城市建设这一信息化冲击可以通过降低企业交易成本显著提升企业的全要素生产率。

关于企业创新的影响因素，已有学者的研究主要围绕外部因素和内部因素两个方面展开。第一，外部因素主要包括市场和政府两个维度，如市场集中度、专利保护政策及创新优惠政策等。具体而言，在市场竞争更加激烈的环境下，企业会为了提高竞争力逃离竞争而加大研发创新，即"逃离创新"效应（张杰等，2014）。而当政府实行促进创新的政策时，企业的创新风险会得到削减，预期收益会得到提升，企业的创新收益会得到明显优化（毛其淋和许家云，2015）。因此，当政府出台或完善了创新的相关制度政策如知识产权保护制度时，会极大地降低企业的创新风险，保障企业从事创新活动所带来的"租金"，从而促进企业的创新决策和创新收益（尹志锋等，2013）。Kang 和 Park（2012）、Nuruzzaman 等（2019）、Sung（2019）基于中东、北非和韩国企业层面数据的研究广泛验证了市场竞争、政府支持对于创新活动的积极作用。第二，影响企业创新的内部因素，如创新风险、创新预期收益、创新周期和企业现金流也会对企业创新产生不可忽视的影响。首先，创新活动本就是在企业生产经营活动中风险程度较大的一项，因此创新风险对企业在创新活动是否进行、如何选择创新策略及创新投入都会有较大影响（王玉泽，2019）。Liu 和 Ma（2020）的研究支持了这一观点，指出经济政策不确定性减少所带来的创新风险降低显著鼓励了企业的专利申请活动。其次，企业的宗旨和生存法则是保证收益的获取，创新活动的开展本质也是为了在面临较大风险的情况下，能获取更大的收益，所以预期收益就是企业创新的重要因素之一，企业会慎重地均衡利弊后才决定创新的开展（罗珉和李亮宇，2015）。此外，创新周期对企业创新行为也十分关键，当创新周期缩短时会通过减小创新活动的不确定性，从而显著促进企业开展创新研发（黄远浙等，2021）。最后，充足的现金流也有利于促进企业创新，现金流不足将使企业在未能及时获取创新的预期收益时可能面临生产困境甚至濒临破产，从而不得不中断创新活动，导致创新夭折（刘诗源等，2020）。

针对企业可持续发展的主要影响因素，学者们从企业内部的经营管理、财务指标及企业外部行为等多个方面展开了广泛而深入的研究。陈兴述和陈煦江（2007）的研究发现，企业财务指标中资产回报率（ROA）对企业可持续发展能力的影响最为显著。Wu 等（2015）、刘健和刘然（2012）分别基于案例分析和实证研究证明企业社会责任与企业可持续发展显著正相关。王海兵和韩彬（2016）、杨旭东等（2018）基于中国上市公司的数据实证检验了内部控制对企业可持续发展的影响，发现内部控制质量的提高显著提升了企业的可持续发展能力。此外，还有学者考察了影响企业可持续发展的其他因素，如股权激励（唐清泉等，2009；吕嗣孝，2015）、股权结构（刘少波和邓可斌，2010；莫似影等，2018）、多元化经营（姚禄仕和聂瑞，2007）、企业联盟（Han 等，2018）、公益性捐献（吴良海和张玉，2017）等。

3.2　去杠杆影响企业高质量发展的一般机理分析

从对已有文献的梳理来看，现有研究对杠杆率与企业高质量发展之间的关系持不同观点，包括促进论、抑制论和折中论。因此，企业对杠杆率的选择可能不存在好坏之分，而是应当权衡利弊选择合理的杠杆率水平。类似地，就企业去杠杆而言，同样有适度和过度之分。一方面，对于过度负债企业，引导其去杠杆释放债务风险显然是利大于弊，但对负债水平较低的企业，债务风险并不是企业需要重点关心的问题。另一方面，去杠杆也要根据实际情况维持在一定幅度内，短期内大幅度降低企业杠杆率，会对企业财务状况形成巨大压力，去杠杆的效果可能适得其反。基于此，本书从去杠杆的促进作用和抑制作用两方面出发，分析去杠杆对企业高质量发展的一般机理。

3.2.1　降低企业财务风险

适度去杠杆能够释放财务风险，降低企业破产概率。已有研究表明，高杠杆带来巨大的还本付息压力，增加了企业的财务风险（Myers，1977）。进一步，由于企业面临现金流压力，不得不放弃前景好但周期长的投资项目（Parrino 和 Weisbach，1999），同时减少高风险的创新活动（辜胜阻和庄芹芹，2016），从而不利于企业效益和创新能力的提升。反过来看，企业适度去杠杆，维持合理的负债水平，有效释放财务风险，有利于企业高质量发展。一方面，适度的杠杆率水平和良好的财务状况下，企业可以规避投资"短视"问题，充分利用杠杆的放大效应，积极投资优质资产和预期良好的长期项目（施本植和汤海滨，2019）。另一方面，由于债务压力缓解，企业既有能力维持当前研发项目的持续现金投入，减少资金链断裂导致研发失败的风险，又敢于从长远发展考虑，积极扩大研究投入，投身于新的创新项目，从而促进企业创新能力的提升（王玉泽等，2019）。

3.2.2　约束企业经营投入

适度去杠杆有利于约束企业经营投入，降低企业经营成本。去杠杆主要通过直接效应和间接效应两个方面降低经营成本，缓解企业的资金约束。从直接效应来看，负债水平降低的直接效果是降低企业的债务利息费用和债务运营的相关管理费用，从而降低企业的经营成本。从间接效应来看，一方面，合理的杠杆率水平有利于发挥债务融资的"税盾"效应，降低企业的所得税支出；另一方面，适度去杠杆有利于缩短企业资金传导链条（郭祎，2018），同时，由于健康的资本结构和良好的财务状况，企业还可以有效避免高负债造成的融资困难而产生的额外融资成本（Berk 等，2010）。此外，企业高负债经营面临较大的破产风险，企业员工由此向企业索取弥补性工资收入，适度去杠杆改善企业经营状况的同时，可起到安抚员工的作用，从而避免破产风险导致的超额人力成本。

3.2.3　提升企业管理绩效

适度去杠杆可重塑企业管理的约束机制，促进企业管理绩效的提升。通常来说，股东与职业经理人之间的利益明显不一致，因而会引发委托—代理问题。根据自由现金流理论，当企业现金流大量富余时，企业管理者出于实现增加个人控制权和短期效益的目的，往往会盲目扩大投资规模，引发过度投资问题（Jensen，1976）。适当的企业负债能够有效缓解以上问题。一方面，由于企业债务具有定期还本付息的特点，迫使企业管理者提高投资效率，减少资金滥用（郭春丽，2006）；另一方面，债权人对企业经营具有一定的监督权，出于对投资本金和利息的保护，债权人往往有激励对企业经营和投资行为行使监督权，从而有效约束企业过度投资和无效投资的倾向，促进企业经营管理的优化和投资效率的提高（Lang 等，1996）。然而，过高的杠杆率使企业在部分时期出现大量灵活的现金流，可能诱发管理者滥用资金过度投资，损害企业长期效应。同时，高负债企业往往具有复杂的债权结构，各方债权人相互掣肘，进而导致债务约束机制失效。因此，适度去杠杆，保持合理的杠杆率水平，能够重塑债务约束机制，促进企业高质量发展。

3.2.4　加大企业破产风险

过度去杠杆会增加企业生产经营的负担，加大企业破产风险。引导企业去杠杆不是一蹴而就的。对大多数企业而言，由于主营业务和投资项目繁多、财务调整空间较小等原因，企业调整和优化资本结构需要一定时间，过度去杠杆的直接后果是企业在短时间内无法适应低负债的经营方式，导致现金流紧张，进而提高资金链断裂的风险。尤其是对非过度负债企业而言，其资本结构调整的速度更慢（郑曼妮和黎文靖，2018），过度去杠杆产生的不良后果更为致命。此外，已有研究发现，在政府宏观调控的政策压力下，企业出于应对政府监管，可能会借助会计手段操纵企业杠杆率，进而隐藏公司经营风险，引发公司股价崩盘（楚有为，2021）。由此推断，企业在面临去杠杆的政策压力时，有动机去伪造财务信息，误导政府和投资者，使经营风险逐渐累积，提高了企业破产清算的可能性。

3.2.5　向外传递不良信号

过度去杠杆反映企业经营情况异常,向外界传递了不良信号。通常来说,企业管理者与外部投资者信息不对称,因此,对投资者而言盲目投资会产生逆向选择问题。已有研究表明,高价值企业通过适当的负债经营向外部传递积极信号,让渡部分关于企业经营状况的共同信息,从而获得更多的融资机会(Ross,1977),缓解企业的融资约束。当企业过度去杠杆时,则无法发挥信号传递效应,向外界传递企业经营状况的积极信号,赢得投资者的青睐。反而因大幅度降低债务水平,引起投资者对企业预期表现的担忧,从而提高了企业获得外源融资的难度,甚至可能引发潜在的意向投资者毁约和现有债权人的撤资,进而导致融资困难、财务困难等一系列不良后果,对企业高质量发展产生抑制作用。

3.2.6　降低企业经营效率

过度去杠杆会破坏企业管理机制和内部经营环境,降低企业经营效率。首先,过度去杠杆快速地剥离企业债务,不利于发挥债务约束机制,进而加剧企业所有者和管理者之间的委托—代理问题,导致企业出现低效或无效投资倾向,降低企业经营效率。其次,在政策和监管的双重压力下,企业存在操纵财务信息的行为,增加了财务信息的不透明度(许晓芳和陆正飞,2020),一方面,从事实上加大了管理者对企业的控制权;另一方面,信息的不透明不利于外部监管的渗透,从而导致企业内部治理水平的恶化,进而降低了企业经营效率。最后,企业过度去杠杆短期内势必会出现现金流紧张的问题,迫使企业占用供应链订单和人力成本支出等经营费用,进而将财务风险转移成经营风险,不利于企业经营效率的提升(郑晟祺,2022)。综合来看,过度去杠杆显著降低了企业经营效率,抑制了企业高质量发展。

综上所述,去杠杆对企业高质量发展的影响可能由于去杠杆幅度的不同而存在差异。本书的理论框架如图 3-1 所示:一方面,适度去杠杆有利于降低企业财务风险,约束企业经营投入,提升企业管理效率,从而促进企业高质量发展;另一方面,企业过度去杠杆又会加大企业破产风险,向外传递不良信号,降低企业经营效率,进而对企业高质量发展产生抑制作用。因此,本书假设去杠杆与企业高质量发展之间呈非线性关系。

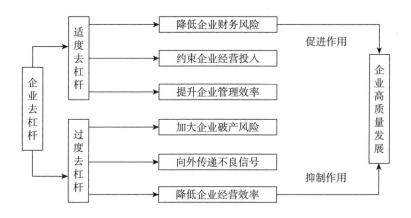

图 3-1 去杠杆影响企业高质量发展的一般机理

3.3 去杠杆对企业高质量发展的影响路径分析

3.3.1 去杠杆对企业全要素生产率的影响路径

已有研究表明，杠杆率水平对企业全要素生产率产生显著影响，该影响可能是促进作用、阻碍作用，或者两者呈非线性关系，很少有研究探讨杠杆率影响全要素生产率的具体机制路径。结合现有的文献，本章进一步从研发投入增加和管理效率提升两个视角分析去杠杆对企业全要素生产率的影响。

3.3.1.1 研发投入增加渠道

企业技术进步和全要素生产率的增长主要依靠企业自身的研发创新，即通过增加研发投入来实现。部分学者研究发现，当企业由于高负债率面临融资约束时，将会减少研发投入等长期投资，从而对企业创新产生不利影响（Aghion 等，2010；Guariglia 和 Liu，2014）。此外，由于银行发放贷款偏好固定资产作为抵押品，为了获得债务融资企业可能减少技术研发投资，进而影响企业的技术进步。去杠杆是降低企业负债经营的一种手段。一方面，去杠杆有利于企业保持最优资本结构，可有效平衡债务融资的成本和收益（Frank 和 Goyal，2007），从而将更多的优质资源用于企业的研发创新；另一方面，去杠杆可降低企业管理者的实际权力，缓解企业所有者和管理者之间的委托—代理问题，企业在经营过程中更加偏好以企业价值等长期目标作为发展方向（施本植和汤海滨，2019），促使企业加大研发投入来保持竞争活力，从而实现企业的长期目标。

3.3.1.2　管理效率提升渠道

全要素生产率的增长本质上是效率的提高，越来越多的文献表明，管理也是提升全要素生产率的有效途径（Bloom 等，2013；程虹等，2018；李唐等，2018）。对企业而言，制度改良意味着提高管理效率，降低各项管理成本。一方面，高杠杆企业定期偿还利息，提高了财务成本，限制了企业现金流（Rajan 和 Zingales，1995；Beck 和 Levine，2004），从而压缩了企业管理费用支出空间，不利于企业改革和完善管理制度，阻碍了管理效率提高，这是极其不利于企业全要素生产率提高的。另一方面，去杠杆是对企业投资负债的流动性进行管理，为确保企业战略目标的实现，必须辅之以强有力的决策、执行、监督力才能确保此目标的实现，而健全完整有效的管理体系是提升全要素生产率的有力保障。综合上述分析，去杠杆有利于提高企业管理效率，从而促进全要素生产率的提升。

3.3.2　去杠杆对企业创新发展的影响路径

已有研究表明，杠杆率水平对企业创新的显著影响可能是促进作用、阻碍作用，或者两者呈非线性关系，较少探讨杠杆率影响企业创新的具体机制路径。结合现有的文献，本章进一步从财务费用和管理效率提升两个视角分析去杠杆对企业创新的影响。

3.3.2.1　财务费用降低渠道

企业创新依赖于持续的研发投入是学术界的共识，过高的财务费用支出会对研发费用形成挤出效应，从而不利于企业创新。一方面，企业由于高负债面临高额的利息支出压力，造成财务紧张；另一方面，获得银行信贷的难易程度不仅取决于企业抵押的固定资产质量，还取决于对企业的财务风险状况的评估，高负债企业要想持续获得银行贷款等外源融资，往往会被追加贷款利率，造成企业财务困难（Berk 等，2010）。同时，企业财务紧张还会导致经营困难以及破产风险上升，需补偿性支付额外的人力成本才能维持正常人事运转，从而进一步提高了财务成本。因此，适度降低企业杠杆率水平，有利于从利息支出和人力成本两方面降低企业的财务费用，从而保障了企业的研发投入，促进企业创新。此外，去杠杆是降低企业负债经营的一种手段，既可以有效平衡债务融资的成本和收益（Frank 和 Goyal，2008），缓解企业财务困难，从而将更多的优质资源用于企业的研发创新，还可以作为信号传递工具，向外部释放企业改善经营的决心，形成对企业债务水平的监督（Xu 和 Wang，1999）。当外部债权人收到信号，提高对企业经营和偿还债务能力的心理预期之后，会相应追加投资，企业的融资约束得到缓解，财务成本由此下降，从而减少对研发创新的挤出。

3.3.2.2　管理效率提升渠道

企业创新是一个系统性的复杂活动，不仅需要大量的资金、人力等要素的投入，还需要组织整合要素资源在不同模块、不同环节合理分配，达到要素资源的优化配置，才能实现创新产出的最大化。效率管理也因此成为提升企业战略管理能力的核心指标。已有文献表明，管理效率是提升企业创新的重要途径之一（曾卓然等，2021）。对企业而言，提高管理效率需要一定的前期投入改良企业管理体系，而高负债企业由于需定期偿还利息，提高了财务成本，限制了企业现金流（Rajan 和 Zingales，1998；Beck 和 Levine，2004），从而压缩了企业管理费用支出空间，不利于企业改革和完善管理制度，阻碍了管理效率的提高。相比之下，去杠杆是对企业投资负债的流动性进行管理，为确保企业战略目标的实现，必须辅之以强有力的决策、执行、监督力。与此同时，去杠杆也促进了企业管理体系的优化，提高了管理效率。综合上述分析，去杠杆有利于提高企业管理效率，从而促进企业创新。

3.3.3　去杠杆对企业可持续发展的影响路径

企业的可持续发展是一个短期和长期结合的综合目标。针对企业可持续发展的主要影响因素，已有研究从企业内部的经营管理（杨旭东等，2018；牛翠萍和耿修林，2020）、财务指标（陈兴述和陈煦江，2007）及企业外部行为（刘健和刘然，2012）等多个方面展开了研究。从杠杆率影响企业可持续发展的视角来看，关键的影响因素是财务指标。基于此，本章认为，去杠杆主要通过减少管理费用和降低财务风险两个渠道促进企业的可持续发展。第一，管理费用渠道。企业通过外部债务融资进行运营是维持企业可持续经营的重要手段之一（靳曙畅，2019）。然而，当企业的杠杆率水平过高，企业期望获得更多的追加投资或是来自银行的信用贷款时，不仅面临额外的利息成本，往往还需要支付高额的招待费和索贿款。企业为融资寻租支付的额外费用显著增加了企业的管理成本（张璇等，2017）。此外，由于债务结构的异质性，高杠杆企业往往需要接受来自多方债权人的监督，大量占用管理人员的精力和耗费企业的管理费用，导致企业人力资源和财务紧张。反之，企业去杠杆降低债务水平，能够显著降低企业融资成本，减少对管理费用的挤占，从而促进企业管理效率的提升，有利于实现企业的可持续发展。第二，财务风险渠道。从长期来看，过高的财务风险显然不利于企业的可持续发展。一方面，当企业采取高负债模式运营时，由于还本付息压力导致财务成本增加，利润空间大幅缩减，资金周转困难，企业可能面临资金链断裂的风险。另一方面，企业高负债运营的抗风险能力较差，当外部经济环境剧烈波动，市场不景气甚至出现经济萧条时，企业在高负债的情况下，难以控制现金流偿还负债，面临的破产压力远高于其他企业。反之，企业适度去杠杆能够有效缓解财务压力，释放财务风险，提高抗风险能力，从而促进企业的可持续发展。

本章小结

本章首先对本书涉及的重要概念进行界定，将企业高质量发展定义为企业实现"高效率、有活力、可持续"的发展，分别对应企业全要素生产率、企业创新和企业可持续发展，在此基础上分别分析企业高质量发展不同维度的主要影响因素。其次，本章从适度去杠杆和过度去杠杆两方面阐述了去杠杆对企业高质量发展的一般机理：企业适度去杠杆通过降低企业财务风险、约束企业经营投入、提升企业管理绩效等促进企业高质量发展；企业过度去杠杆则通过加大企业破产风险、向外传递不良信号、降低企业经营效率等对企业高质量发展产生抑制作用。最后，本章还就企业高质量发展的不同维度，分别展开分析了去杠杆影响高质量发展的不同路径：去杠杆对企业全要素生产率的影响主要体现在增加研发投入和提高管理效率两个方面；去杠杆对企业创新的影响主要体现在降低财务费用和提高管理效率两个方面；去杠杆对企业可持续发展的影响则体现在降低财务风险和降低管理费用两个方面。本章的概念界定和理论分析为本书后续的实证研究打下了坚实基础。

第4章 中国企业去杠杆和高质量发展的现实考察

2015 年，中央召开经济工作会议，正式提出去杠杆的工作任务。从中央到地方各级政府，从宏观经济层面到微观经济层面，从国务院国资委下辖的国有企业到其他非公有制企业，全社会开始响应国家政策号召，关注高杠杆可能引发的经济风险，并根据自身经营情况，有目的、有节奏地调整杠杆率水平。要想更好地研究去杠杆政策对企业高质量发展的影响，全面系统地了解中国企业去杠杆的特征与状况显得尤为重要。基于此，本章选取中国 A 股主板市场上市公司的数据，从整体状况、行业异质性、所有制异质性和地区异质性等角度对中国微观企业去杠杆的现实情况进行系统考察，为后续的实证研究部分提供合适的研究方向和特征事实的支撑。

4.1 中国上市公司去杠杆的现实状况

4.1.1 中国上市公司去杠杆的整体状况

企业通过 IPO 的方式上市，在资产水平、盈利能力、股权结构和治理能力等方面有诸多的限制和要求。一般而言，上市公司至少是同行业中总体表现较好的企业，具有一定代表性。同时，针对上市公司有一套完整的财务信息审计、披露和监管体系，既保证财务数据的真实性，又为研究企业的财务指标创造获取数据的可能性。此外，中国的上市公司基本囊括了中国现行国民经济行业分类中 2 位代码的全部门类。因此，选取中国上市公司作为分析样本，能够不失偏颇地全面考察企业去杠杆的整体状况。

图 4-1 展示了 2000—2020 年中国非金融上市公司与非金融企业部门的杠杆率水平的变化情况。从图 4-1 中结果来看：首先，从整体趋势来看，非金

融上市公司杠杆率水平的总体变化趋势与非金融企业部门基本接近。二者总体上均保持了持续上涨的势头，2005年前后出现一波短暂回调，2008—2010年则开启了一波杠杆率持续攀升的走势，到2015年以后企业杠杆率水平增速放缓甚至出现小幅回落。其次，相比非金融上市公司，非金融企业部门的整体杠杆率水平增长更快，从2000年到2020年累计增幅1.76倍，而同期非金融上市公司增幅为1.42倍。从整体波动性来看，也是如此，非金融企业部门的杠杆率水平波动性更大，最大回撤超过15%，而非金融上市公司则不到3%。最后，从杠杆率水平的具体数值来看，中国非金融上市公司的杠杆率水平远低于全社会非金融企业的水平，原因可能是资本市场对企业融资约束具有较好的缓解作用，上市企业可以充分利用资本市场的融资便利性，因而在企业杠杆率的决定上也具有更大的选择空间。

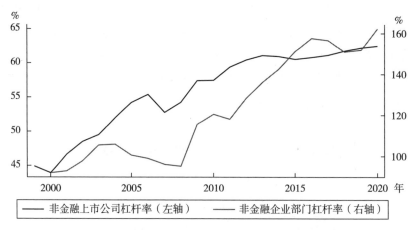

图4－1　中国非金融企业杠杆率水平（2000—2020年）①

图4－2展示了中国非金融上市公司中去杠杆的公司所占比例。2000—2020年去杠杆的上市公司平均占比在40%～45%，最低点出现在2005年，约为35%，最高点则在2007年，约为52%。从重点年份来看，有4个年份中国非金融上市公司中去杠杆的公司占比超过一半，分别是2007年、2010年、2015年、2016年。其中，2010年前后出现中国上市公司第一波去杠杆的趋

① 由于金融业上市公司在资本结构方面的特殊性，以及对比非金融企业部门整体杠杆率水平的需要，本书选取非金融上市公司作为样本进行考察。

势，对应国家"四万亿"投资结束期前后；2015 年前后则为第二波去杠杆浪潮，对应中央经济工作会议提出去杠杆的工作任务，基本与经济政策公布的时间点相吻合，也反映了本书选取的样本数据的科学性和可靠性。

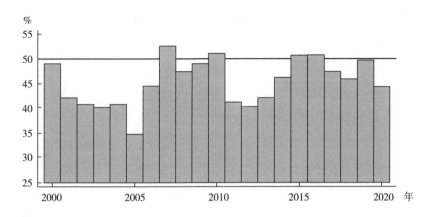

图 4 - 2　去杠杆上市公司占比（2000—2020 年）

如表 4 - 1 所示，从各年份上市公司去杠杆的具体幅度来看，2000—2020年中国非金融上市公司去杠杆的平均水平在 4.28% ~ 7.95%，其中 2008 年的平均去杠杆的水平最高，约为 7.95%；其次是 2010 年的 7.59%，平均去杠杆水平超过 7% 的年份还包括 2007 年、2015 年、2016 年。结合标准差和最大值来看，2007 年、2008 年、2010 年、2013 年、2015 年、2016 年这些重点年份，上市公司去杠杆的幅度较大，最大值超过 110%；企业之间去杠杆的决策差异也比较大，标准差超过 10%。从去杠杆的具体数值来看，非金融上市公司各年份去杠杆情况的差异较大，类似于去杠杆企业占比的走势，也呈现出阶段性趋势。2007—2010 年为第一波持续去杠杆阶段，2013—2016 年为第二波持续去杠杆阶段，两个阶段上市公司年平均去杠杆水平均超过 7%。

表 4 - 1　　　　**上市公司去杠杆情况描述性统计（2000—2020 年）**　　　单位:%

年份	均值	标准差	最大值	最小值
2000	5.75	7.38	76.65	0.00
2001	6.81	8.66	66.27	0.00
2002	5.40	7.36	67.51	0.01
2003	5.92	8.00	72.50	0.00
2004	4.75	5.90	51.67	0.01

续表

年份	均值	标准差	最大值	最小值
2005	4.50	5.64	59.49	0.00
2006	6.23	9.39	78.03	0.00
2007	7.33	9.53	112.25	0.01
2008	7.95	10.05	78.11	0.02
2009	6.11	7.51	72.23	0.01
2010	7.59	10.01	79.20	0.00
2011	6.04	9.70	90.51	0.01
2012	5.55	9.66	90.84	0.00
2013	6.16	10.32	112.25	0.02
2014	6.09	7.58	84.13	0.01
2015	7.43	10.69	110.22	0.00
2016	7.17	9.86	112.25	0.02
2017	5.49	7.21	67.48	0.00
2018	4.32	5.87	85.24	0.00
2019	4.28	5.53	57.95	0.00
2020	4.93	7.23	72.93	0.00

如表 4-2 所示，从各年份上市公司去杠杆的区间分布来看，我们将中国非金融上市公司各年份的去杠杆情况分成了四个区间：分别是 [0，5%)、[5%，10%)、[10%，15%) 和 [15%，100%]。可以看出，各年份上市公司去杠杆在区间分布存在显著差异。从相同特征来看，各年份上市公司去杠杆的幅度主要集中在 [0，5%) 的区间内，其次是 [5%，10%)，最后是 [15%，100%] 的区间，占比最少的为 [10%，15%) 的区间。从差异化特征来看，去杠杆趋势较为明显的年份，落在 [15%，100%] 区间的企业数量明显增加，如 2010 年去杠杆超过 [15%，100%] 的企业占同年去杠杆企业总数的近 40%，随后，2011 年该项数值仅为 9.71%。最后，对比上述两个主要去杠杆阶段的情况。2007—2010 年，去杠杆上市公司主要分布在 [0，5%) 和 [15%，100%] 的区间内，尤其是 2010 年，去杠杆幅度 [15%，100%] 的企业数量显著增加。而 2013—2016 年，去杠杆上市公司主要分布在 [0，5%) 和 [5%，10%) 的区间内，其中主要是 [5%，10%) 区间内的企业数

量明显增加。可以看出，2007—2010 年的第一波去杠杆主要以负债水平较高的企业大幅度去杠杆为主，而相比之下，2013—2016 年的第二波去杠杆则显得相对温和，绝大部分去杠杆企业保持［0，10%）的幅度来减少负债水平。究其原因，可以认为，第一波去杠杆是 2008 年国际金融危机之后国家经济建设计划导致企业大规模提高杠杆率之后的"后遗症"，当政府支出的资金潮退去，企业不得不面临债务水平的大幅缩减；而第二波去杠杆主要是国家提出的结构性去杠杆政策引致，且去杠杆主要是宏观经济政策，对微观企业没有直接约束作用，企业在响应国家政策号召的前提下，享有较大的自主决策空间，因而大多数企业采取较为温和的方式进行去杠杆。

　　由于本书关注的核心问题之一是去杠杆的政策效应评估，而 2007—2010 年的第一波去杠杆趋势与 2015 年前后的政策性去杠杆趋势存在显著区别。因此，本书在后续的分析中重点考察 2010—2020 年上市公司去杠杆的现实情况。

表 4 - 2　　　　上市公司去杠杆情况的区间分布（2000—2020 年）　　　单位:%

年份	［0，5%）	［5%，10%）	［10%，15%）	［15%，100%］
2000	44.57	16.17	7.85	31.41
2001	46.29	19.55	7.67	26.49
2002	53.00	21.58	6.00	19.42
2003	53.21	19.72	6.65	20.41
2004	54.47	16.84	4.57	24.12
2005	69.81	18.12	5.56	6.52
2006	53.27	20.18	5.49	21.06
2007	45.64	18.95	9.27	26.14
2008	48.89	20.38	9.16	21.57
2009	49.55	16.34	7.26	26.85
2010	38.62	15.87	5.93	39.58
2011	65.75	19.42	5.12	9.71
2012	70.07	17.45	5.64	6.85
2013	66.02	17.76	8.37	7.85
2014	60.80	21.95	8.92	8.33
2015	57.40	20.60	9.87	12.12
2016	57.40	21.03	8.91	12.66
2017	64.25	21.15	7.13	7.47
2018	73.18	18.00	5.48	3.34
2019	73.48	17.68	4.42	4.42
2020	69.61	19.43	5.85	5.11

4.1.2 分行业企业去杠杆的现状分析

行业异质性显著影响企业的治理行为是学术界的共识。处于不同行业的企业面临不同的外部经营环境和内部治理环境，使企业对自身杠杆率的决策存在显著差异。从外部经营环境来看，各个行业当前的发展阶段不同，同时行业内的竞争压力也存在明显差异，导致企业可能会根据自身实力与同行间的对比来调整负债水平。此外，不同行业主要生产经营的产品不同，产品种类和附加值的差异意味着不同的生产工艺和成本构成，从而影响企业资金周转的速度，使不同行业在杠杆率水平上存在固有差异。从内部治理环境来看，不同行业内企业间的劳动分工不同，影响企业所处的生产环节，因而企业面临的资金约束压力也不同，进而影响企业杠杆率的决策。

中国非金融上市公司涵盖的行业门类繁多，本书根据《产业结构调整指导目录（2011年版）》，将限制、引导和淘汰类行业划分为产能过剩行业，其他行业则划分为非产能过剩行业，在本部分的讨论中，主要探讨产能过剩行业和非产能过剩行业的企业去杠杆现状。

图4-3展示了中国非金融上市公司中产能过剩行业和非产能过剩行业总体杠杆率水平的趋势对比。首先，总体来看，产能过剩行业的杠杆率始终低于非产能过剩行业，产能过剩行业杠杆率的总体水平在55%上下波动，而非产能过剩行业的杠杆率水平则维持在60%～65%的区间范围内。其次，从阶段

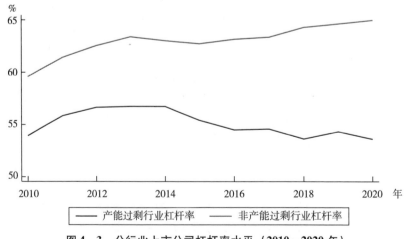

图4-3 分行业上市公司杠杆率水平（2010—2020年）

性特征看，2010—2014 年，产能过剩和非产能过剩行业杠杆率水平的总体走势基本趋同，呈涨幅递减趋势小幅上涨；2015 年之后开始出现分化，非产能过剩行业继续保持缓慢增长势头，而产能过剩行业的杠杆率水平则持续下降。说明在 2015 年去杠杆的工作任务提出后，产能过剩行业的去杠杆效果更为明显。

如图 4－4 所示，从去杠杆的企业占比情况来看，与杠杆率水平的总体走势相反，在去杠杆企业占比的走势中，产能过剩行业去杠杆企业占比总体上高于非产能过剩行业。产能过剩行业去杠杆企业占比从 2011 年的 40% 左右波动增长到 2016 年的 58% 左右，随后回落到 2020 年的 50% 以下。而非产能过剩行业的去杠杆企业占比保持在 40%～50%。从阶段性趋势来看：2015 年之前，产能过剩行业和非产能过剩行业去杠杆企业占比均呈现缓慢提高的趋势；2015 年之后，产能过剩行业的去杠杆水平则大幅提升，去杠杆企业占比从 2015 年的 48% 提高到 2016 年的 58% 左右，与此同时，非产能过剩行业的该数值则表现出波动下跌趋势。从响应去杠杆政策的企业数量来看，产能过剩行业的表现更为突出。

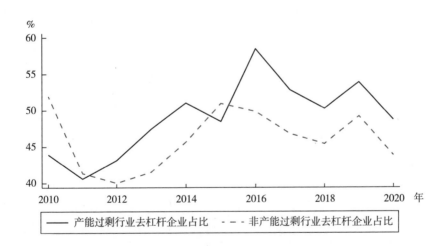

图 4－4　分行业上市公司去杠杆企业占比（2010—2020 年）

如表 4－3 所示，从各年份上市公司去杠杆具体幅度的对比来看：产能过剩行业去杠杆的关键年份为 2013 年和 2015 年，企业去杠杆均值分别为 9.16%和 7.90%；而非产能过剩行业平均去杠杆水平的峰值为 2015 年的 7.38%。从趋势上来看，2015 年中央提出去杠杆工作任务后，产能过剩和非产能过剩行业的上市公司在杠杆率调整上均有所变化。相比之下，产能过剩行业在各年份去杠杆的幅度整体高于非产能过剩行业。结合标准差和最大值的数据来看，2015 年产能过剩行业去杠杆的标准差为 13.31%，最大值超过 110%，而非产能过剩行业的对应指标为 10.35% 和 86.97%，说明相对于非产能过剩行业，产能过剩行业中企业间去杠杆决策的差异化也更为明显，行业整体去杠杆水平偏高，主要原因可能是高负债的重点企业大幅度去杠杆。

表 4 - 3　　　　分行业上市公司去杠杆描述性统计（2010—2020 年）　　　单位:%

年份	产能过剩行业			非产能过剩行业		
	均值	标准差	最大值	均值	标准差	最大值
2010	6.69	11.96	75.41	7.11	9.72	79.20
2011	6.33	7.75	46.01	6.00	9.91	90.51
2012	6.63	12.35	90.84	5.41	9.26	76.24
2013	9.16	15.27	102.91	5.75	9.40	112.25
2014	5.66	5.91	31.30	6.14	7.78	84.13
2015	7.90	13.31	110.22	7.38	10.35	86.97
2016	6.81	9.90	46.56	7.22	9.86	112.25
2017	6.07	9.16	67.48	5.41	6.91	65.57
2018	4.17	4.45	27.54	4.34	6.03	85.24
2019	4.40	6.52	57.95	4.27	5.40	52.23
2020	3.92	4.32	20.93	5.06	7.52	72.93

如表 4 - 4 所示，整体来看，无论是产能过剩行业还是非产能过剩行业，企业各年份去杠杆的幅度均集中在 [0，5%) 的区间。其中，产能过剩行业去杠杆分布在 [0，5%) 区间占比最高的为 2020 年的 76.6%，最低的为 2015 年的 55.79%。而非产能过剩企业的最高占比为 2019 年的 73.53%，最低占比为 2010 年的 36.25%。从差异性特征来看，一是产能过剩行业去杠杆分布在 [10%，15%) 区间的比重更高，二是重点年份的分布存在差异，2015 年产能过剩行业去杠杆趋势表现为 [0，5)% 区间的比重下降，[10%，15%) 区间的比重显著上升，而非产能过剩行业则是在 [15%，100%) 的区间内企业数量明显增加。说明尽管非产能过剩行业总体去杠杆的方式较为均衡，但重点年份波动较大。

表 4－4　　　　分行业上市公司去杠杆区间分布（2010—2020 年）　　　单位:%

年份	产能过剩行业				非产能过剩行业			
	[0, 5%）	[5%, 10%）	[10%, 15%）	[15%, 100%]	[0, 5%）	[5%, 10%）	[10%, 15%）	[15%, 100%]
2010	62.07	13.79	9.20	14.94	36.25	16.08	5.59	42.07
2011	65.00	15.00	7.50	12.50	65.84	19.94	4.84	9.38
2012	67.06	17.65	7.06	8.24	70.45	17.42	5.45	6.67
2013	59.14	17.20	9.68	13.98	66.96	17.84	8.19	7.02
2014	60.00	25.00	9.00	6.00	60.90	21.54	8.91	8.64
2015	55.79	22.11	12.63	9.47	57.59	20.43	9.56	12.43
2016	61.40	18.42	7.89	12.28	56.85	21.39	9.05	12.71
2017	66.02	18.45	9.71		64.02	21.51	7.30	7.17
2018	72.16	18.56	5.15	4.12	73.32	17.92	5.53	3.23
2019	73.08	21.15	1.92	3.85	73.53	17.23	4.74	4.49
2020	76.60	14.89	4.26	4.26	68.69	20.03	6.06	5.22

4.1.3　分所有制企业去杠杆的现状分析

企业所有制的异质性对企业决策行为的显著影响已经被充分证实，在企业所有制的研究中，学术界尤其关注对国有企业的研究。实际上，国有企业是一种特殊的制度安排，是中国特色社会主义市场经济的产物。相比非国有企业，国有企业具备能够获得政府补贴、政策扶持、银行低息贷款等诸多优势，但也承担着维护市场竞争和社会稳定的责任与义务，同时还面临来自各方的种种限制。这些复杂因素交织，共同作用于国有企业的决策行为，从而影响企业对杠杆率水平的选择与调整。换句话说，从制度设计和利益相关的角度出发，国有企业对自身杠杆率的决策取决于政府和市场的双重作用，而非国有企业则主要是市场化行为，政府和相关政策对非国有企业的影响也是依赖于市场机制进行传导的。为此，本书依据 CSMAR 国泰安数据库中上市公司实际控制人的信息，将企业分为国有企业和非国有企业两类，进而探讨国有企业和非国有企业去杠杆的现状。

图 4－5 展示了中国非金融上市公司中国有企业和非国有企业总体杠杆率水平的趋势对比。首先，总体来看，无论是国有企业还是非国有企业，其杠杆

率水平 2010—2020 年均呈现上涨趋势。但国有企业的杠杆率水平增长相对较缓，从 2010 年的 58% 上升到 2020 年的 62%，而非国有企业则从 2010 年的不足 50% 上涨到 2020 年的 64%。其次，从阶段性特征来看，国有企业的杠杆率在 2015 年之后基本处于稳定态势，而非国有企业的杠杆率在 2013 年小幅回撤之后继续上涨，2015 年之后上涨趋势有所放缓，到 2017 年总体杠杆率水平赶超国有企业。这说明，相比国有企业，非国有企业当前的负债水平更高，去杠杆也更困难。可能的原因，一方面是非国有企业相对缺少政府扶持，融资约束更强，融资成本也更高，从而导致债务水平居高不下；另一方面政策对非国有企业的约束力不强，企业去杠杆的积极性不高。

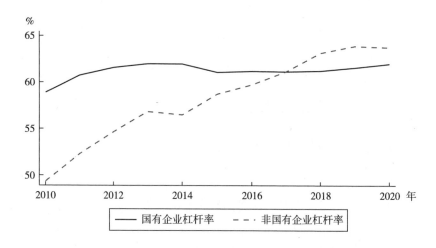

图 4 - 5　分所有制上市公司杠杆率水平（2010—2020 年）

如图 4 - 6 所示，从去杠杆的企业占比情况来看，国有企业中去杠杆占比总体上高于非国有企业。国有企业去杠杆占比从 2011 年的 42% 左右增长到 2017 年的最高点 53% 附近，随后回落到 2020 年的 45% 以下。而非国有企业去杠杆占比从 2012 年的不到 35%，上升到 2016 年的 48% 附近，随后开始回落。从阶段性趋势来看，2015 年之后，国有企业去杠杆占比呈现波动上升趋势，维持在 50%～55% 的较高比例，直到 2020 年才回落到较低水平。与此同时，非国有企业去杠杆占比在 2015 年小幅上涨之后，开始大幅回落到 40% 附近。综上所述，相比国有企业，非国有企业去杠杆趋势的波动性更大，去杠杆的形势更为严峻。

如表 4 - 5 所示，从各年份上市公司去杠杆具体幅度的对比来看，无论是

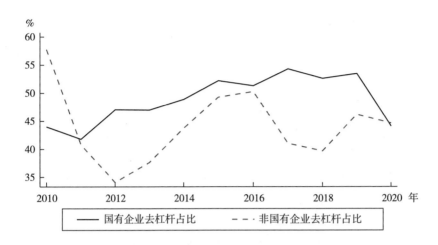

图 4-6　分所有制上市公司去杠杆企业占比（2010—2020 年）

去杠杆的均值、标准差还是最大值，非国有企业均高于国有企业。其中，2015年国有企业去杠杆平均水平为 6.35%，而同期非国有企业该数值高达 8.51%。从标准差来看，国有企业各年份值均小于 10% 的水平，而非国有企业累计 6个年份的值高于 10%。从最大值来看，非国有企业有 4 年的去杠杆占比最大值超过 90%，而国有企业仅 2016 年高于该水平。联系上一部分的结论，相比国有企业，非国有企业去杠杆企业的占比较低。本部分的分析表明，非国有企业整体去杠杆的幅度更大，且不同企业间的杠杆率调整差异显著。从趋势来看，国有企业与非国有企业较为相似，在关键年份 2015 年前后，去杠杆的平均水平达到较高水平，之后再逐渐回落。但非国有企业的高点更高，下降幅度更慢。

表 4-5　分所有制上市公司去杠杆描述性统计（2010—2020 年）　　单位:%

年份	国有企业			非国有企业		
	均值	标准差	最大值	均值	标准差	最大值
2010	6.38	9.49	79.2	9.01	10.42	58.7
2011	5.58	8.81	72.55	6.48	10.48	90.51
2012	4.96	8.82	68.89	6.31	10.61	90.84
2013	5.30	7.51	67.71	7.16	12.79	112.25
2014	5.26	5.94	50.36	6.95	8.91	84.13
2015	6.35	9.36	86.97	8.51	11.76	110.22

续表

年份	国有企业			非国有企业		
	均值	标准差	最大值	均值	标准差	最大值
2016	5.81	8.85	112.25	8.47	10.58	82.83
2017	5.24	7.10	67.48	5.80	7.34	65.57
2018	4.13	6.13	85.24	4.55	5.54	43.86
2019	3.77	4.08	34.1	4.84	6.73	57.95
2020	3.84	5.21	48.77	5.94	8.58	72.93

如表4-6所示，整体来看，无论是国有企业还是非国有企业，企业各年份去杠杆的幅度基本集中在 [0，5%) 的区间。其中，国有企业去杠杆分布在 [0，5%) 区间的占比最高为 2019 年的 76.65%，最低为 2010 年的 55.44%，而非国有企业分布在该区间的最高占比为 2019 年的 70.05%，最低占比为 2010 年的 26.55%。从差异性特征来看：一是非国有企业去杠杆分布在 [10%，15%) 和 [15%，100%] 两个区间的比重相比国有企业较高；二是重点年份的分布存在差异，2015 年国有企业去杠杆的趋势表现为 [15%，100%] 区间的比重显著上升，而非国有企业则是 [10%，15%) 和 [15%，100%] 两个区间内企业数量明显增加。说明国有企业的去杠杆过程相对稳定，表现为调整幅度较为温和，重点企业大幅度去杠杆的情况较少。而非国有企业中部分企业去杠杆的幅度更为明显，但总体的去杠杆水平略低于国有企业。

表4-6   分所有制上市公司去杠杆区间分布（2010—2020 年）   单位:%

年份	国有企业				非国有企业			
	[0, 5%)	[5%, 10%)	[10%, 15%)	[15%, 100%]	[0, 5%)	[5%, 10%)	[10%, 15%)	[15%, 100%]
2010	55.44	19.75	6.58	18.23	26.55	13.09	5.45	54.91
2011	69.79	16.58	5.08	8.56	61.86	22.16	5.15	10.82
2012	74.11	16.86	4.28	4.75	64.81	18.21	7.41	9.57
2013	69.21	15.75	8.83	6.21	62.29	20.11	7.82	9.78
2014	64.22	21.79	8.03	5.96	57.21	22.12	9.86	10.82
2015	63.58	19.40	7.76	9.27	51.28	21.79	11.97	14.96
2016	64.62	20.44	7.03	7.91	50.52	21.59	10.69	17.19
2017	67.15	20.17	5.82	6.86	60.67	22.37	8.74	8.23
2018	75.86	15.73	5.17	3.23	69.87	20.80	5.87	3.47
2019	76.65	16.14	4.03	3.18	70.05	19.35	4.84	5.76
2020	75.97	17.31	3.88	2.84	63.70	21.39	7.69	7.21

4.1.4　分地区企业去杠杆的现状分析

地区间的差异既包括资源要素禀赋、地理位置等先天因素，也包括经济发展水平、人文氛围、营商环境等后天因素。长期以来，中国的东部、中部、西部地区在历史的进程中形成了各自不同的发展环境，大体形成了东部地区经济实力最强、中部地区次之、西部地区位居末尾的格局。同时，随着经济实力的发展、对外开放水平的提高及经济发展形成的"虹吸效应"带来的资源和人才优势，经济发达的东部地区营商环境也随之不断改善。基于王小鲁和樊纲（2019）编制的中国各省份市场化水平指数，已有研究基本证实了东部、中部、西部地区间营商环境等因素的差异显著影响了企业的生产经营活动，因而东部、中部、西部地区的企业对杠杆率的调整也可能存在显著差异。基于此，本部分基于上市公司的注册地址识别其所属的地区，进而探讨中国东部、中部、西部地区企业去杠杆的现状。

图 4-7 展示了东部、中部、西部地区非金融上市公司杠杆率水平的趋势对比情况。首先，从杠杆率的总体水平来看，东部地区与西部地区企业相近，二者均高于中部地区。其次，从杠杆率的趋势来看，西部地区与中部地区相似，西部地区企业杠杆率水平从 2010 年的 59% 上升到 2014 年的 62% 以上，随后开始进入下行趋势，中部地区则是在 2013 年到达最高点，之后杠杆率水平开始下降。东部地区的走势总体上呈波动上升趋势，2010—2013 年快速攀

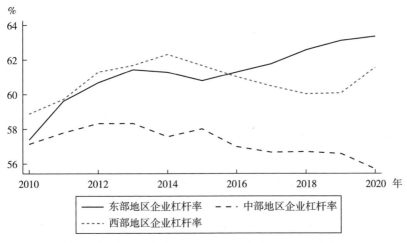

图 4-7　分地区上市公司杠杆率水平（2010—2020 年）

升，从57%上升到61%，2014—2015年小幅回落，之后保持稳定增长的趋势，2020年达63%以上。最后，受2015年的政策影响，中部地区和西部地区企业在2015年之后杠杆率显著下降，而东部地区企业的杠杆率水平不降反升，说明中西部地区企业去杠杆的成效更为显著。

如图4-8所示，从去杠杆的企业占比情况来看，东部地区和西部地区企业去杠杆占比的增减趋势基本相似，中部地区略有不同。具体而言，东部和西部地区企业去杠杆占比从2012年的40%左右，快速上升到2015年的50%附近，2016年增速放缓后，开始快速跌至45%以下，而中部地区企业去杠杆占比在2012—2014年快速增长，2014年达52%以上，之后开始迅速下降。综上所述，相比东部地区和西部地区企业，中部地区企业去杠杆趋势的波动性更大，尤其是2015年后，去杠杆企业数量不升反降，说明中部地区企业的去杠杆形势更为严峻。

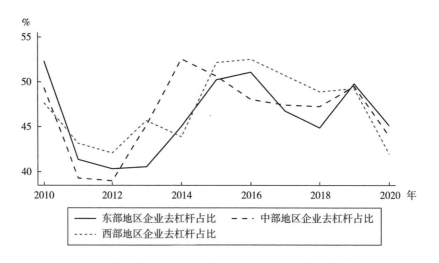

图4-8 分地区上市公司去杠杆占比（2010—2020年）

如表4-7所示，从各年份上市公司去杠杆具体幅度的对比来看，中部地区和西部地区企业去杠杆的平均水平高于东部地区企业。同时，相比中部和西部地区，东部地区企业去杠杆的波动较大，企业间的差异也更显著。从重点年份来看，2013年西部地区企业去杠杆均值最高，为8.76%，同期东部地区为5.33%，中部地区为6.84%；2015年东部地区企业去杠杆水平达到峰值，为7.79%，标准差为11.29%，均高于中部和西部地区。说明从去杠杆的幅度来看，2015 年以后东部地区企业去杠杆的成效更好，但企业间的标准差较大。

表 4 - 7　　分地区上市公司去杠杆描述性统计（2010—2020 年）　　单位:%

年份	东部地区			中部地区			西部地区		
	均值	标准差	最大值	均值	标准差	最大值	均值	标准差	最大值
2010	7.48	9.62	74.76	7.71	11.16	75.41	7.95	10.27	79.20
2011	5.67	8.23	90.51	6.09	11.70	80.74	7.60	12.78	87.12
2012	4.93	8.23	73.91	5.96	10.04	76.24	7.81	13.85	90.84
2013	5.33	9.76	112.25	6.84	8.49	50.72	8.76	13.55	102.91
2014	5.85	7.29	84.13	6.56	8.13	50.36	6.67	8.21	57.46
2015	7.79	11.29	110.22	6.65	8.97	72.62	6.76	9.77	61.73
2016	7.25	9.51	82.83	6.20	7.80	43.94	7.73	12.81	112.25
2017	5.46	6.83	65.57	5.28	5.78	33.59	5.82	9.73	67.48
2018	4.16	5.19	46.39	3.69	3.37	24.07	5.69	9.43	85.24
2019	4.30	5.84	57.95	4.01	4.57	27.12	4.49	5.13	43.92
2020	5.02	7.13	62.63	3.78	3.72	16.72	5.81	10.11	72.93

　　如表 4 - 8 所示，整体来看，东部、中部、西部地区企业各年份去杠杆的幅度基本集中在 [0，5%) 的区间。其中，东部地区企业去杠杆分布在 [0，5%) 区间内的占比最高为 2019 年的 74.31%，最低为 2010 年的 36.89%，中部地区企业的最高占比为 2018 年的 78.08%，最低占比为 2010 年的 43.23%，西部地区企业最高为 2017 年的 72.34%，最低为 2017 年的 41.35%。从差异性特征来看，一是相比中部和西部地区，东部地区不同年份去杠杆的区间分布波动更大；二是重点年份的分布存在差异，2015 年东部地区企业去杠杆的趋势表现为 [15%，100%] 区间的比重显著上升，从 2014 年的 7.64% 上升到 2015 年的 12.94%，而同期中部地区和西部地区的该指标则没有明显的上升趋势。说明东部地区去杠杆的势头更为明显，表现为部分企业去杠杆的幅度较大，而中部地区和西部地区企业去杠杆显得相对缓和，但持续性更强。

表 4 - 8　分地区上市公司去杠杆区间分布（2010—2020 年）

单位：%

年份	东部地区				中部地区				西部地区			
	[0, 5%)	[5%, 10%)	[10%, 15%)	[15%, 100%]	[0, 5%)	[5%, 10%)	[10%, 15%)	[15%, 100%]	[0, 5%)	[5%, 10%)	[10%, 15%)	[15%, 100%]
2010	36.89	14.94	5.03	43.14	43.23	18.06	5.81	32.90	41.35	18.05	10.53	30.08
2011	65.83	19.69	5.02	9.46	66.67	22.76	5.69	4.88	64.17	15.00	5.00	15.83
2012	72.08	17.43	4.75	5.74	68.03	15.57	9.02	7.38	63.25	19.66	5.98	11.11
2013	71.01	16.96	6.31	5.72	58.87	19.86	10.64	10.64	53.54	18.90	14.17	13.39
2014	60.92	22.02	9.41	7.64	62.20	18.90	8.54	10.37	57.38	26.23	7.38	9.02
2015	54.79	21.88	10.38	12.94	59.49	20.89	9.49	10.13	66.21	15.17	7.59	11.03
2016	55.82	22.64	8.81	12.74	61.74	18.12	8.05	12.08	60.27	17.12	10.27	12.33
2017	63.34	21.00	8.09	7.57	60.54	25.17	8.84	5.44	72.34	17.02	1.42	9.22
2018	73.38	18.17	5.40	3.06	78.08	16.44	4.11	1.37	66.67	19.26	7.41	6.67
2019	74.31	16.91	4.55	4.23	77.63	14.47	2.63	5.26	66.18	23.53	5.88	4.41
2020	68.95	19.13	6.50	5.42	74.63	19.40	2.24	3.73	66.96	20.87	6.96	5.22

4.2　中国企业高质量发展的总体测度

4.2.1　企业高质量发展的测度

基于之前对企业高质量发展的定义,本部分利用第 5 章至第 7 章的实证部分的样本数据,计算出企业全要素生产率(tfp)、企业创新(ip)和企业可持续发展能力(sus)三个维度的指标构建企业高质量发展水平(hq)综合指标体系(各分项指标计算方法见 4.3 节),采用主成分分析法得到各指标权重,最后计算出企业高质量发展水平的综合得分。具体做法如下:

首先,对企业全要素生产率(tfp)、企业创新(ip)和企业可持续发展能力(sus)三个维度指标分别进行标准化处理;其次,利用主成分分析法(PCA)对各分项指标进行降维处理,参考李建军等(2020)的做法,以 80% 的累计荷载成分为标准得到两个主成分,用于提取各指标中与高质量发展相关但互不重合的部分;再次,根据各主成分占累计荷载成分的比重得到企业全要素生产率(tfp)、企业创新(ip)和企业可持续发展能力(sus)三个维度指标在企业高质量发展水平(hq)综合指标体系中的权重;最后,利用各分项指标的数据加权计算出企业高质量发展水平(hq)的综合得分。

4.2.2　企业高质量发展测度结果分析

图 4-9 展示了中国上市公司高质量发展平均水平的逐年走势。从整体趋势来看,中国上市公司的高质量发展水平总体呈波动上升态势。分阶段来看,2010—2015 年,上市公司高质量发展的平均水平逐年波动,2015 年提出去杠杆政策后,上市公司高质量发展水平指数迎来快速增长阶段,均值从 2015 年的 -0.06 增长到 2018 年的 0.20。从特征事实来看,2015 年开始施行的宏观去杠杆政策对中国上市公司的高质量发展产生了显著的推动作用。

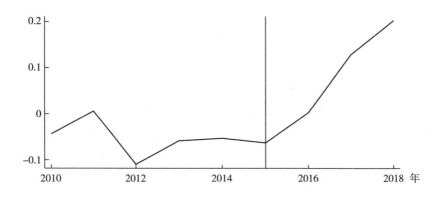

图 4 – 9　中国上市公司高质量发展水平变化趋势

4.3　中国企业高质量发展的具体考察

4.3.1　企业全要素生产率

4.3.1.1　全要素生产率的测度

目前，学术界用于计算企业全要素生产率的方法较多，其中 OP 法由于采用半参数估计方法及较好地处理了内生性问题等优势被学者们广泛采纳。因此，本章主要借鉴 Olley 和 Pakes（1996）提出的基于一致半参数估计方法。该方法假定企业根据当前企业生产率状况作出投资决策，因此用企业的当期投资作为不可观测生产率冲击的代理变量，采用两步估计法，从而能够很好地解决估计过程中存在的内生性问题。该方法是国内学者研究企业全要素生产率时常用的测算方法。其计算思路如下：

假定企业可观测的当期的生产率冲击会影响当期的投资，也就是说，当期生产率冲击越大，企业投资也会越高，则可以以投资作为生产率冲击的代理变量。根据资本动态方程，如果当期投资增大，则下一期的资本会增加。当期的投资是由资本存量、不可观测的生产率冲击和企业年龄三部分组成的 $I_{it} = I(K_{it}, \overline{w}_{it}, a_{it})$，其中，$I$ 为企业投资额，K 为企业固定资产存量，$\overline{\omega}$ 为不可观测的生产率冲击的集合，a 为企业的年龄。假设未来的生产率关于当期不可观测生产率是严格递增的，也就是说，未来的投资也会随着当期不可观测生产率严格递增，则可以表示出不可观测生产率 $\overline{w}_{it} = I^{-1}(K_{it}, a_{it}, I_{it}) = r(K_{it}, a_{it}, I_{it})$，将产出对投入和生产率做回归。

$$Y_{it} = \beta_L L_{it} + \beta_M M_{it} + \varphi(K_{it}, a_{it}, I_{it}) + \eta_{it} \tag{4.1}$$

$$\varphi(K_{it}, a_{it}, I_{it}) = \beta_0 + \beta_K K_{it} + \beta_a a_{it} + r(K_{it}, a_{it}, I_{it}) \tag{4.2}$$

其中，Y 为企业主营业务收入增加值；L 为企业员工数量；M 为中间品投入，本章使用公司购买商品、接受劳务实际支付的现金近似代替。$\varphi(\cdot)$ 控制不可观测生产率，不能直接通过回归方程得出，所以我们构建式（4.2）计算出 $\varphi(\cdot)$，再代入式（4.1）计算。但是式（4.1）无法估计 β_K 和 β_a 的参数，资本存量和企业年龄对产出的影响无法得知，这样可能会带来选择性偏误，其原因在于企业面临进入和退出的选择，而企业继续留在市场的条件是其不可观测的生产率要大于某一临界值，临界值又由资本存量和企业年龄决定，所以需要建立 Probit 模型估计企业存活的概率。由式（4.1）我们可以知道，$\varphi(K_{it}, a_{it}, I_{it}) + \eta_{it} = Y_{it} - \beta_L L_{it} - \beta_M M_{it}$，则我们可以构建 Probit 模型为

$$Y_{it} - \beta_L L_{it} - \beta_M M_{it} = \beta_K K_{it} + \beta_a a_{it} + g(\hat{\varphi}_{t-1} - \beta_K K_{i,t-1} - \beta_a a_{i,t-1}, \hat{P}_{it}) + \xi_{it} + \lambda_{it}$$

$$\tag{4.3}$$

其中，$g(\cdot)$ 为前一期 $\hat{\varphi}_{t-1} - \beta_K K_{i,t-1} - \beta_a a_{i,t-1}$ 和 $\hat{P}_{it}$ 的二阶多项式。将式（4.3）计算出的结果代入式（4.2），再代入式（4.1）进行 OLS 回归即可得到各个变量系数，进而估计出本书所需的全要素生产率。

4.3.1.2　特征事实分析

理论上讲，随着经济社会的发展和技术水平的不断进步，中国上市公司的全要素生产率也应当逐年提高。基于前文 OP 法测算的企业全要素生产率，通过逐年加总平均，得到如图 4-10 所示的 2010—2018 年中国上市公司的全要素生产率水平。从图 4-10 结果来看，总体上上市公司的全要素水平保持持续增长走势，其中 2010—2011 年增长较快，2011 年以后经过短暂回落转为小幅持续增长，2015 年之后直线斜率陡然上升，企业全要素生产率水平开启快速上升模式。说明 2015 年的去杠杆政策可能一定程度上促进了中国上市公司的全要素生产率提升。为了更好地观察去杠杆与企业全要素生产率的关系，我们绘制了二者之间的散点图并添加了趋势线，如图 4-11 所示。从散点图的垂直分布来看，散点呈现两头尖中间粗的形态，大部分上市公司的观测值在均值附

近徘徊，说明就全要素生产率而言，上市公司的发展整体较为均衡。从水平形态来看，分布在 x 轴 0 值右侧的散点相对较多。同时，拟合趋势线斜率为正，说明从散点图趋势来看，去杠杆有利于促进企业全要素生产率提升。

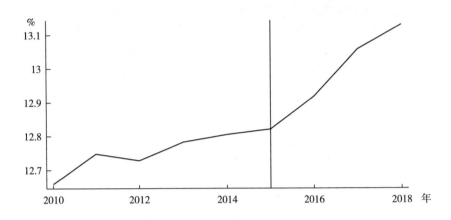

图 4-10　2010—2018 年上市公司全要素生产率水平

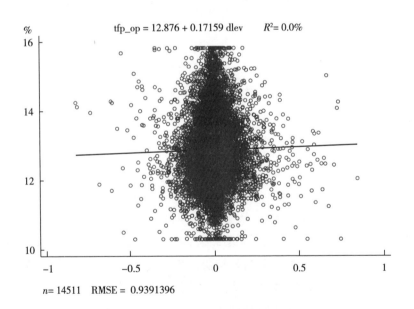

图 4-11　去杠杆与企业全要素生产率的散点

4.3.2　企业创新

企业创新是学者们长期持续研究的重要问题，目前，已有研究对企业创新的衡量方式主要分为两类：第一类衡量方式是基于创新投入的视角，采用企业的研发支出和研发投入强度对企业的创新水平进行度量。例如，Brown 等（2009）以研发支出为创新的代理变量，通过美国企业层面的数据验证了金融、创新和增长间的内在联系。第二类衡量方式则是从创新产出的角度出发，主要采用专利的申请量及新产品的种类和数量作为企业创新水平的代理变量。例如，王雄元和卜落凡（2019）以专利申请量对企业创新进行衡量，从而考察了国际贸易对企业创新的积极推动作用，而王文春和荣昭（2014）、毛其淋和许家云（2014）则分别通过企业新产品的产值和销售额来对企业的创新倾向和强度进行了度量。2007 年的新会计准则规定，原无形资产分别在"无形资产""商誉""投资性房地产"中核算，因此，新会计准则下的无形资产主要由专利权和非专利技术构成，与其他指标相比能够更多地反映企业创新成果信息，从而较好地衡量企业的创新产出状况。故本章借鉴王玉泽（2019）选取无形资产净额占期末总资产的比重衡量企业创新。

根据上述计算结果，图 4-12 展示了去杠杆企业和非去杠杆企业 2010—2018 年创新水平的对比情况。从图 4-12 结果来看，两类企业的创新水平总体变化趋势差异，2010—2013 年波动增长，其中去杠杆企业整体创新水平略高于非去杠杆企业。2013—2015 年上市企业的创新水平有所回落，2015 年之

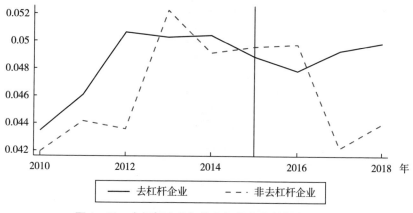

图 4-12　去杠杆企业与非去杠杆企业创新水平对照

后，两类企业的变化趋势出现显著差异，其中去杠杆企业创新水平小幅回升，而非去杠杆企业的创新水平则大幅下降。综上所述，2015 年去杠杆政策对上市公司创新水平存在异质性影响。

4.3.3 企业可持续发展

目前学者们提出的衡量企业可持续发展能力的方法较多，主要包括单一的财务增长指标、构建指标体系、建立可持续增长模型等方法（苏冬蔚和吴仰儒，2005）。由于可持续增长模型在长期视角下识别企业的盈利和竞争能力方面具有天然优势，本章选用范霍恩可持续发展静态模型（Van Horne，1988），借鉴刘斌等（2002）的计算方法，将企业可持续发展能力定义为：sus_{fi} = 销售净利率×收益留存率×（1 + 产权比率）／［1/总资产周转率 – 销售净利率×收益留存率×（1 + 产权比率）］。

根据范霍恩模型的估算结果，本章展示了去杠杆与企业可持续发展能力的散点图，如图 4 - 13 所示。从中可以看出，上市公司的观测值集中分布在靠近 x 轴的区域，说明当前中国上市公司的整体可持续发展能力较低，大部分上市公司的可持续发展能力有待进一步加强。从水平分布结构来看，分布于 x 轴 0 值右侧的散点比左侧的多且可持续发展能力的平均水平更高，拟合直线也呈现向右上倾斜的趋势，说明去杠杆对企业可持续发展水平具有促进作用。

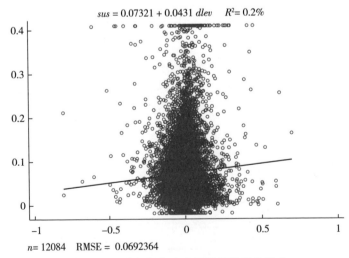

图 4 - 13　去杠杆与企业可持续发展的散点

本章小结

本章分别对中国上市公司去杠杆的现实状况及高质量发展状况进行考察。首先，对中国上市公司整体及三个细分方向去杠杆数据进行考察，综合总体杠杆率水平、去杠杆企业占比、去杠杆幅度及区间分布等方面进行分析。研究发现：第一，整体而言，中央提出的宏观去杠杆政策作用于微观企业产生了一定效果，但就上市公司的杠杆率水平而言，总体上没有出现下降趋势，债务风险依然存在；第二，就产能过剩与非产能过剩行业而言，产能过剩行业的去杠杆效果更好，总体杠杆率水平相对更低；第三，就所有制差异而言，国有企业总体债务水平良好，去杠杆政策的落实更到位，而非国有企业一定程度上调整了杠杆率，释放了债务风险，但比例还远远不够；第四，就地区差异来看，东部地区企业去杠杆的力度最大，但企业个体间的差异较大，综合而言债务风险仍然高于中西部地区。其次，分别对企业高质量发展的总体及分项指标进行考察，说明各项指标的测算方法，并对指标测算结果进行简要分析。研究发现：第一，2015 年中央去杠杆政策实施后，企业高质量发展总体及分项指标存在显著变化，且变化趋势表明去杠杆有利于促进企业高质量发展；第二，从样本数据散点图来看去杠杆与各项指标间存在明显的线性关系。

第5章　去杠杆对企业高质量发展的影响

——总体（综合）研究

5.1　问题的提出

自改革开放以来，伴随经济形势和外部环境的持续向好，中国充分发挥发展中国家的成本优势，依靠扩大出口和引进外资，实现经济的高速增长。但自2012年以来，中国经济增速换挡进入新常态，经济发展进入转型期。党的十九大指出，中国特色社会主义迈入了新时代。经济从高速增长阶段转向高质量发展阶段是中国特色社会主义迈入新时代的鲜明特征，而经济高质量发展归根结底需要通过企业高质量发展予以实现（黄速建等，2018）。如何实现企业高质量发展成为社会各界广泛议论的话题。然而，长期以来中国企业一直处于粗放式发展阶段。国有企业"大而不强"，活力欠缺，动力不足。民营企业面对市场准入壁垒高、融资难度大、制度环境恶劣等问题，在困境中艰难成长。在实现全面建成小康社会的历史时期，实现企业高质量发展从而拉动经济社会持续健康发展至关重要。

自2008年以来，由于中国政府实施经济刺激政策，中国实体经济杠杆率经历了大幅提高的阶段。2015年中国的全社会杠杆率为249%，其中非金融企业部门杠杆率为131.20%（李扬等，2016）。2017年中国非金融企业债务达132.38万亿元，是中国当年GDP的1.6倍，远高于发达国家水平（綦好东等，2018）。高杠杆率使资本泡沫逐渐膨胀，非金融企业的债务风险问题成为影响中国经济社会持续健康发展的潜在威胁。2015年12月，中央经济工作会议提出供给侧结构性改革，将去杠杆列为首要任务。党的十九大报告也指出要进一步推进去杠杆工作。因此，当前中国非金融企业主要面临的问题是高杠杆提高了企业的经营风险，严重制约了企业高质量发展。如何处理好去杠杆和企业高质量发展之间的关系，成为亟须解决的重要问题。

本章利用主成分分析法综合高质量发展三个维度的指标，计算出企业高质量发展水平的综合指数，从综合视角考察去杠杆对企业高质量发展的影响。本章主要关注以下问题：去杠杆对企业高质量发展的政策效果具体如何；去杠杆对企业高质量发展的影响是否因企业异质性而存在差异；进一步地，根据最优资本结构理论，去杠杆与企业高质量之间的非线性关系是否成立；去杠杆是否也存在一个适度区间？

为了考察以上问题，本章利用 2010—2018 年中国 A 股非金融上市公司的面板数据，实证研究了去杠杆对企业高质量发展的影响效应，并进一步考察了去杠杆影响企业高质量发展的规模异质性、行业异质性和所有制异质性。本章还创新性地检验了去杠杆影响企业高质量发展的门槛效应，讨论了去杠杆的适度区间。相比于已有文献，本章的边际贡献如下：第一，本章实证检验了去杠杆对企业高质量发展的影响，为从微观领域评估去杠杆的政策效应提供了新的经验证据；第二，构建企业高质量发展综合指标体系，利用主成分分析法计算企业高质量发展水平综合指数，为从微观层面定义和衡量企业高质量发展的内涵提供了新的思路和方法；第三，考察并发现去杠杆影响企业高质量发展的门槛效应，表现为去杠杆存在适度区间，超出适度区间，去杠杆的效果就会减弱或者适得其反；第四，本章的结论引申出的政策建议，对国家进一步调整去杠杆政策、引导企业合理去杠杆从而防范和化解高杠杆的债务危机提供了重要的政策参考。

本章余下部分的安排如下：第二部分为指标测算与特征事实；第三部分为研究设计，包括计量模型设定、数据来源与说明和描述性统计；第四部分为实证检验，分别报告基本回归、稳健性检验、内生性讨论、异质性检验和门槛效应检验的结果；最后为本章小结。

5.2　研究设计

5.2.1　计量模型设定

为了检验去杠杆对企业高质量发展的影响，本章设定以下计量模型：

$$hq_{ft} = \alpha + \beta dlev_{ft} + \lambda X_{ft} + \theta_f + \gamma_t + \mu_{ft} \tag{5.1}$$

其中，hq_{ft} 为企业 f 第 t 年的高质量发展水平；$dlev_{ft}$ 为企业 f 第 t 年杠杆率的变动程度；X_{ft} 包含了所有企业层面的控制变量；θ_f 和 γ_t 分别控制企业和年份层面的扰动；α 为常数项；μ_{ft} 为随机误差项。

模型包含的主要变量衡量方法如下：第一，因变量。基于企业要素生产率、企业创新水平和企业可持续发展能力三个维度，采用主成分分析法计算得到。第二，去杠杆变量。采用杠杆率的变动程度（$dlev$），采用上一期杠杆率减当期杠杆率衡量，其中杠杆率为企业资产负债率。第三，控制变量。本章借鉴已有文献的做法（綦好东等，2018；钟凯等，2016），选取以下变量控制企业层面的异质性：企业成长性（$growth$），采用利润总额本年本期金额减去利润总额上年同期金额的差值与利润总额上年同期金额的比值来衡量；企业规模（$size$），采用企业年末总资产取对数衡量；企业抵押能力（$mortgage$），采用固定资产与存货之和比总资产衡量；流动比率（$liquidity$），采用流动资产比流动负债衡量；资本密集度（$capital$），采用企业固定资产总额比员工人数衡量；无形资产占比（$intangibleratio$），采用无形资产在总资产中的比重衡量；企业年龄（age）采用企业成立年份取对数衡量；独立董事比率（$indr$），采用独立董事占董事会总人数比重衡量。

5.2.2 数据来源与说明

本章使用的原始数据主要来自国泰安 CSMAR 上市公司数据库。数据来源的一致性使数据质量得到保证。由于本书主要考察 2015 年去杠杆的政策效果，因此选择 2010—2018 年的样本数据。主要数据处理如下：第一，剔除样本期间上市或退市的公司；第二，剔除样本期内特殊警示的公司；第三，剔除金融类上市公司；第四，剔除上市公司财务数据中不符合会计准则和基本逻辑的样本，同时对所有变量进行双边 1% 的缩尾处理。最终样本为企业—年份维度14419 个有效观测值，共 1793 家中国 A 股非金融上市公司。

5.2.3 描述性统计

从表 5 - 1 的统计结果来看，2010—2018 年中国 A 股上市公司高质量发展能力（hq）平均值为 0.0060，最大值为 3.5852，最小值和中位数均为负值，说明总体上样本企业高质量发展水平一般，且各企业间的高质量发展水平存在显著差异。从杠杆变动率（$dlev$）来看，最大值为 0.7350，最小值为 −0.8386，均值和中位数均在 0 值附近，说明不同企业之间进行杠杆率调整的决策存在较大差异。此外，其他变量的数值波动均在正态范围内，不存在明显的极端值问题，说明本章选取的样本数据有效。

表 5 − 1　　　　　　　　　　　　变量描述性统计

变量	变量含义	样本量	平均值	标准差	最小值	中位数	最大值
hq	高质量发展水平	14419	0.0060	0.8088	− 2.1798	− 0.1046	3.5852
$dlev$	杠杆变动率	12698	− 0.0012	0.0852	− 0.8386	− 0.0022	0.7350
$growth$	销售增长	13113	0.5049	1.7448	− 0.8833	0.1326	12.1971
$size$	企业规模	14419	22.3251	1.3508	15.7151	22.1574	28.5200
$mort$	企业抵押能力	14385	0.3864	0.1855	0.0000	0.3749	0.9709
liq	流动比率	14419	2.5144	4.4426	0.0385	1.5657	204.7421
$capital$	资本密集度	14419	0.7567	4.4885	0.0000	0.2726	225.3728
$inta$	无形资产占比	14419	0.0488	0.0677	0.0000	0.0326	0.8901
age	企业年龄	14419	2.7794	0.4139	0.0000	2.8904	3.7136
$indr$	独立董事比率	14389	0.3715	0.0552	0.1818	0.3333	0.8000

资料来源：笔者自行整理。

5.3　实证检验

5.3.1　基本回归

表 5 − 2 汇报了总样本的回归结果。在第（1）列中，我们没有控制任何企业特征变量，仅控制了企业固定效应，杠杆变动率（$dlev$）的系数为 0.169，在 5% 的水平下显著为正；在第（2）列中，我们进一步控制年份固定效应，杠杆变动率（$dlev$）的系数为 0.183，在 1% 的水平下显著为正；在第（3）列，我们加入企业层面全部的控制变量，杠杆变动率（$dlev$）的系数为 0.259，仍在 1% 的水平下显著为正。基本回归的结果表明，企业杠杆变动率（$dlev$）与企业高质量发展水平（hq）显著正相关，即去杠杆显著提高了企业的高质量发展水平。这一结论与本书其他章节的结论吻合，适当去杠杆，保持合适的

杠杆率水平，有利于推动企业实现高质量发展。

表 5 - 2　　　　　　　　　　　　基本回归结果

变量	（1）	（2）	（3）
dlev	0.169 **	0.183 ***	0.259 ***
	（0.069）	（0.069）	（0.066）
growth			0.065 ***
			（0.004）
size			0.279 ***
			（0.016）
mort			- 0.583 ***
			（0.060）
liq			- 0.007 **
			（0.003）
capital			0.008 ***
			（0.002）
inta			- 0.695 ***
			（0.198）
age			0.186 ***
			（0.062）
indr			0.201
			（0.129）
constant	0.006	0.006	- 6.599 ***
	（0.004）	（0.004）	（0.406）
年份固定效应	N	Y	Y
企业固定效应	Y	Y	Y
observations	12695	12695	11740
Adj. R^2	0.721	0.734	0.791

注：*** 、** 和 * 分别表示在1%、5%和10%的水平下显著；括号内为异方差调整后的稳健标准误。

5.3.2　稳健性检验

首先，本书从以下几个方面考虑实证结果的稳健性问题：第一，采用去杠杆虚拟变量（dumlev）替换关键的解释变量杠杆变动率（dlev），当企业杠杆变动率（*dlev*）大于 0 时，*dumlev* 赋值为 1，否则赋值为 0。如表 5 - 3 所示，第（1）列的结果显示，去杠杆虚拟变量（*dumlev*）的系数为 0.063，且通过了 1% 的显著性检验。第二，考虑到地区、行业层面可能存在的遗漏变量，我们在表 5 - 3 第（2）列中控制年份、行业和地区固定效应，在第（3）列中控制全部维度的固定效应，杠杆变动率（*dlev*）的回归系数均显著为正。第三，考虑到中国上市公司的数据在地区层面可能存在的自相关问题，我们在地区层面进行聚类，第（4）列的结果显示，杠杆变动率（*dlev*）的回归系数仍显著为正。其次，考虑样本选择的问题，由于直辖市相对于其他省份在经济政策、发展环境等方面存在诸多优势，因此删除直辖市的样本排除可能的干扰。我们通过提取上市公司的注册地址中包含的省份信息来识别企业所在地。表 5 - 3 第（5）列报告了剔除直辖市样本后的回归结果。杠杆变动率（*dlev*）的系数提高到 0.299（基本回归中为 0.259），在 1% 的水平下显著。综述所述，在进行多种稳健性检验后，去杠杆显著提高了企业高质量发展水平的结论基本稳健。

表 5 - 3　　　　　　　　　　　　稳健性检验结果

变量	（1）更换解释变量	（2）控制行业地区年份	（3）控制全部维度	（4）地区年份层面聚类	（5）剔除直辖市样本
dumlev	0.063 ***				
	(0.008)				
dlev		0.438 ***	0.259 ***	0.259 ***	0.299 ***
		(0.086)	(0.066)	(0.072)	(0.057)
growth	0.064 ***	0.056 ***	0.065 ***	0.065 ***	0.066 ***
	(0.004)	(0.005)	(0.004)	(0.004)	(0.003)
size	0.281 ***	0.345 ***	0.280 ***	0.280 ***	0.289 ***
	(0.016)	(0.005)	(0.016)	(0.017)	(0.013)
mort	− 0.600 ***	− 0.567 ***	− 0.583 ***	− 0.583 ***	− 0.526 ***
	(0.060)	(0.043)	(0.060)	(0.071)	(0.052)
liq	− 0.007 **	− 0.010 ***	− 0.007 **	− 0.007 *	− 0.005 ***
	(0.003)	(0.004)	(0.003)	(0.003)	(0.001)
capital	0.008 ***	0.003 **	0.008 ***	0.008 ***	0.005 ***
	(0.002)	(0.001)	(0.002)	(0.002)	(0.002)

续表

变量	（1）更换解释变量	（2）控制行业地区年份	（3）控制全部维度	（4）地区年份层面聚类	（5）剔除直辖市样本
inta	- 0.709 ***	- 0.743 ***	- 0.690 ***	- 0.690 ***	- 0.496 ***
	（0.196）	（0.098）	（0.198）	（0.199）	（0.157）
age	0.180 ***	0.097 ***	0.188 ***	0.188 **	0.174 ***
	（0.062）	（0.015）	（0.062）	（0.087）	（0.067）
indr	0.198	- 0.094	0.200	0.200	0.228 *
	（0.129）	（0.096）	（0.129）	（0.135）	（0.137）
constant	- 6.641 ***	- 7.707 ***	- 6.608 ***	- 6.608 ***	- 6.845 ***
	（0.405）	（0.140）	（0.406）	（0.464）	（0.329）
年份固定效应	Y	Y	Y	Y	Y
企业固定效应	Y	N	Y	Y	Y
行业固定效应	N	Y	Y	N	N
地区固定效应	N	Y	Y	N	N
observations	11740	11758	11732	11732	9122
Adj. R^2	0.792	0.501	0.791	0.791	0.780

注：*** 、 ** 和 * 分别表示在1%、5%和10%的水平下显著；括号内为异方差调整后的稳健标准误。

5.3.3 内生性讨论

本章的研究可能存在遗漏变量和反向因果等内生性问题，从而导致估计结果不一致的问题，为此我们采用工具变量两阶段最小二乘法（2SLS）重新估计去杠杆对企业高质量发展水平的影响。一个合理有效的工具变量应当既满足相关性假设又满足外生性假设，即本章选择的工具变量应当与杠杆变动率（*dlev*）相关，而又与企业高质量发展水平（*hq*）无关。通常，企业层面的内生性问题只存在于企业个体层面，而不影响行业和地区层面，因此使用行业或地区层面内生变量的均值作为工具变量可以缓解内生性问题（Lin 等，2012）。行业层面的杠杆变动率的均值一方面能够反映整个行业的债务情况，与行业内单个企业的杠杆率变动情况相关；另一方面企业的高质量发展源于企业内部的经营决策，因此行业层面的均值也是相对外生的。基于以上分析，本章选取企业所在行业层面的杠杆变动率（*dlev*）作为工具变量，利用两阶段最小二乘法

（2SLS）进行内生性问题讨论，表 5 - 4 汇报了回归结果。从工具变量有效性的检验结果来看，第一阶段回归中行业层面杠杆变动率（*dlevind*）的系数为正且在 1% 水平下显著，Chi^2 统计量表明工具变量通过了识别不足检验，而第一阶段的 *F* 值为 592.51，远高于弱工具变量检验 16.38 的临界值，说明本章的工具变量有效（Stock 和 Yogo，2005）。第二阶段回归结果显示，企业杠杆变动率（*dlev*）的系数在 1% 的水平下显著为正，说明在使用工具变量克服可能存在的内生性问题后，企业杠杆变动率（*dlev*）与企业可持续发展能力（*sus*）仍然显著正相关，与前文的结论一致。

表 5 - 4　　　　　　　　　　　　工具变量 2SLS 回归结果

变量	（1）	（2）
	第一阶段	第二阶段
dlevind	0.880 ***	
	(0.036)	
dlev		0.356 **
		(0.145)
growth	0.000	0.065 ***
	(0.001)	(0.004)
size	− 0.014 ***	0.281 ***
	(0.003)	(0.024)
mort	− 0.028 **	− 0.580 ***
	(0.012)	(0.079)
liq	0.002 ***	− 0.007 **
	(0.001)	(0.003)
capital	0.000 **	0.008 **
	(0.000)	(0.003)
inta	0.016	− 0.695 **
	(0.034)	(0.270)
age	0.047 ***	0.181 **
	(0.012)	(0.091)
indr	0.017	0.199
	(0.021)	(0.157)

续表

变量	(1)	(2)
	第一阶段	第二阶段
constant	0.174 **	
	(0.069)	
年份固定效应	Y	Y
企业固定效应	Y	Y
Chi²	207.09 ***	
Cragg – Donald Wald F	1598.16 ***	
Kleibergen – Paap rk Wald F	592.51 ***	
observations	11768	11740
R – squared	0.163	0.204

注：1. Chi^2 为工具变量识别不足检验统计量，F 为弱工具变量检验统计量。

2. *** 、** 和 * 分别表示在 1%、5% 和 10% 的水平下显著；括号内为异方差调整后的稳健标准误。

5.3.4 异质性检验

以上对去杠杆影响企业高质量发展进行了基本分析，但是去杠杆对企业高质量发展的影响可能由于企业其他因素的不同呈现异质性特征。本部分通过以下三个方面进行分组回归，进一步讨论可能存在的异质性影响：第一，企业规模异质性。由于不同行业企业规模的平均水平存在差异，因此，我们以企业所在行业总资产的平均水平作为参照，将样本企业划分为大型企业和小型企业两组。第二，行业异质性。我们根据《产业结构调整指导目录（2011 年版）》，将限制、引导和淘汰类行业划分为产能过剩行业，其他行业则划分为非产能过剩行业。第三，按照国泰安 CSMAR 数据库中实际控制人性质来识别企业性质，将全样本分为国有企业和非国有企业两组。

表 5 – 5 报告了异质性检验的回归结果。统计结果显示：大型企业和小型企业杠杆变动率（dlev）的系数分别为 0.411 和 0.180，二者系数皆显著为正，但大型企业系数明显大于小型企业，说明相比小型企业，大型企业去杠杆对企业高质量发展的提升效果更显著；产能过剩企业和非产能过剩企业杠杆变动率（dlev）的系数分别为 0.771 和 0.212，均显著为正，但产能过剩组的回归系数

显著大于非产能过剩组，表明相对于非产能过剩企业，产能过剩企业在去杠杆后企业高质量发展水平提升的效果更明显；区分国有企业和非国有企业杠杆变动率（dlev）的系数分别为 0.584 和 0.055，仅国有企业组的系数在 1% 的水平下显著，说明去杠杆对国有企业高质量发展的促进作用更显著。

表 5 - 5　　　　　　　　　　异质性检验回归结果

变量	（1）大型企业	（2）小型企业	（3）产能过剩企业	（4）非产能过剩企业	（5）国有企业	（6）非国有企业
dlev	0.411 *** (0.099)	0.180 ** (0.083)	0.771 *** (0.231)	0.212 *** (0.069)	0.584 *** (0.101)	0.055 (0.086)
growth	0.061 *** (0.005)	0.066 *** (0.005)	0.046 *** (0.009)	0.067 *** (0.004)	0.064 *** (0.005)	0.065 *** (0.005)
size	0.142 *** (0.037)	0.272 *** (0.035)	0.238 *** (0.048)	0.283 *** (0.017)	0.206 *** (0.023)	0.307 *** (0.023)
mort	-0.421 *** (0.105)	-0.733 *** (0.086)	-0.330 * (0.186)	-0.604 *** (0.064)	-0.627 *** (0.085)	-0.554 *** (0.084)
liq	0.000 (0.002)	-0.008 ** (0.003)	-0.005 (0.008)	-0.007 ** (0.003)	-0.019 *** (0.006)	-0.005 ** (0.002)
capital	0.008 *** (0.002)	0.036 *** (0.013)	0.017 *** (0.005)	0.007 *** (0.002)	0.015 *** (0.004)	0.005 *** (0.002)
inta	-0.217 (0.278)	-0.701 ** (0.303)	-0.070 (0.627)	-0.787 *** (0.204)	-0.900 *** (0.263)	-0.547 * (0.290)
age	-0.231 * (0.133)	0.271 *** (0.079)	1.089 *** (0.403)	0.134 ** (0.063)	-0.125 (0.111)	0.177 ** (0.078)
indr	0.461 ** (0.209)	-0.107 (0.170)	0.499 (0.441)	0.178 (0.135)	0.267 (0.169)	0.092 (0.193)
constant	-2.251 ** (0.960)	-6.593 *** (0.755)	-8.564 *** (1.940)	-6.517 *** (0.417)	-3.963 *** (0.623)	-7.188 *** (0.535)
observations	4922	6628	1082	10658	5626	6114
R - squared	0.781	0.751	0.753	0.795	0.812	0.760

注：***、** 和 * 分别表示在 1%、5% 和 10% 的水平下显著；括号内为异方差调整后的稳健标准误。

5.3.5　门槛效应检验

基于本书第 3 章构建的去杠杆对企业高质量发展的理论框架，杠杆率对企业的业绩表现和长期发展的影响可能呈现非线性特征，根据最优资本结构理论，企业杠杆率存在一个适度水平。基于此，本章利用面板门槛回归方法考察去杠杆对企业高质量发展水平的非线性影响。

参考 Hansen（1999）提出的面板门槛回归模型，设定以下模型：

$$hq_{ft} = \alpha_1 + \beta_1 dlev_{ft} I(Q_{ft} < \pi_1) + \beta_2 dlev_{ft} I(\pi_1 \leq Q_{ft} < \pi_2)$$
$$+ \beta_3 dlev_{ft} I(Q_{ft} \geq \pi_2) + \lambda_1 X_{ft} + \theta_f + \gamma_t + \mu_{ft} \tag{5.2}$$

其中，$I(*)$ 为示性函数；Q_{ft} 为门槛变量，即企业杠杆变动率（$dlev$）；π 为待估计的门槛值；被解释变量 hq_{ft} 代表企业 f 第 t 年的全要素生产率；$dlev_{ft}$ 为企业 f 第 t 年杠杆率的变动程度；X_{ft} 为企业层面的控制变量集；θ_f 和 γ_t 分别代表企业固定效应和年份固定效应；α 为常数项；μ_{ft} 为随机误差项。

根据 Wang（2015）的做法，首先利用 Stata16 进行面板阈值效应检验，依次检验单一门槛、双重门槛和三重门槛模型。检验结果如表 5-6 所示，双重门槛模型的 F 值为 45.77，远高于 10% 临界值水平，显著拒绝了单一门槛的原假设。图 5-1 还报告了双重门槛模型的 LR 分布图，虚线为似然估计 LR 的临界值，得到两个门槛值分别为 -0.0704 和 0.1409，95% 的置信区间分别为 [-0.0725，-0.0689]、[0.1308，0.1475]。综上所述，采用双重门槛模型进行估计。

表 5-6　　　　　　　　　　门槛效应检验

门槛类型	F	Prob	10% 临界值	5% 临界值	1% 临界值
单一门槛	29.65	0.0000	7.0112	8.9144	12.399
双重门槛	45.77	0.0000	9.9453	12.5003	16.9869
三重门槛	14.63	0.3867	27.1859	39.1753	51.0743

注：检验结果由 Stata16 软件计算所得，Bootstrap 抽样次数为 300 次。

表 5-7 报告了门槛回归的估计结果，列（1）的基本回归结果作为对照，列（2）为双重门槛回归结果。统计结果显示，去杠杆对企业高质量发展的影响存在显著的门槛效应。当企业当年去杠杆水平低于 -7.04% 时，去杠杆对企业高质量发展的影响为正但不显著。而当企业去杠杆水平高于门槛值 -7.04%

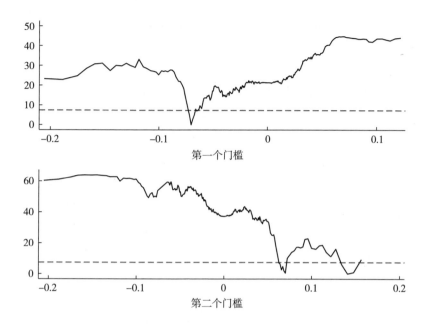

图 5 - 1　门槛效应检验 LR 分布

时，去杠杆对企业高质量发展的影响系数为 1.086，且在 1% 的水平下显著。当企业去杠杆水平再次超过下一个门槛值 14.09% 时，$dlev$ 的系数由正转负但不显著。以上分析表明，去杠杆与企业高质量发展存在非线性关系，最优资本结构理论也得到印证，企业同年度去杠杆水平保持在适度区间 [- 7.04%，14.09%] 内对高质量发展的促进效果最优。同时，门槛值 - 7.04% 也表明，适度地"加杠杆"，即同年度增加的杠杆率保持在 [0，7.04%] 区间，对企业高质量发展仍具有显著促进作用。

表 5 - 7　　　　　　　　　　门槛模型回归结果

变量	(1)	(2)
	基本回归	门槛回归
$dlev$	0.259 ***	
	(0.066)	
$dlev$ ($Q_{ft} < -0.0704$)		0.084
		(0.097)
$dlev$ ($-0.0704 \leqslant Q_{ft} < 0.1409$)		1.086 ***
		(0.118)

续表

变量	(1)	(2)
	基本回归	门槛回归
dlev（$Q_{ft} \geq 0.1409$）		-0.171
		(0.124)
growth	0.065 ***	0.070 ***
	(0.004)	(0.003)
size	0.279 ***	0.311 ***
	(0.016)	(0.013)
mort	-0.583 ***	-0.524 ***
	(0.060)	(0.056)
liq	-0.007 **	-0.004 ***
	(0.003)	(0.001)
capital	0.008 ***	0.006 ***
	(0.002)	(0.001)
inta	-0.695 ***	-0.818 ***
	(0.198)	(0.167)
age	0.186 ***	0.136 **
	(0.062)	(0.068)
indr	0.201	0.095
	(0.129)	(0.134)
constant	-6.599 ***	0.070 ***
	(0.406)	(0.003)
年份固定效应	Y	Y
企业固定效应	Y	Y
observations	11740	7608
Adj. R^2	0.791	0.221

注：1. 由于估计门槛回归模型要求平衡面板数据，因此损失了部分样本。

2. ***、** 和 * 分别表示在1%、5%和10%的水平下显著；括号内为异方差调整后的稳健标准误。

本章小结

本章选取 2010—2018 年中国 A 股非金融上市公司作为样本，从企业全要素生产率、企业创新和企业可持续发展三个维度构建企业高质量发展水平指标体系，采用主成分分析法估算企业高质量发展水平综合指数，利用微观企业层面的去杠杆变量，实证检验了去杠杆对企业高质量发展的影响。研究发现，去杠杆可显著提高企业高质量发展水平，在系列稳健性检验和内生性讨论后结论稳健；去杠杆对企业高质量发展的影响因企业规模、所在行业和所有制类型的不同存在异质性，对于大型企业、产能过剩行业的企业以及国有企业而言，去杠杆对企业高质量发展水平的促进作用更好；去杠杆对企业高质量发展的影响具有双重门槛效应，企业同年度去杠杆水平保持在适度区间［-7.04%，14.09%］更有利于促进企业高质量发展，即实现企业"高效率、有活力、可持续"的发展。

第6章 去杠杆对企业高质量发展的影响

——基于企业全要素生产率的研究

6.1 问题的提出

如何实现经济持续增长和高质量发展是各国政府力图解决的重要问题。自改革开放以来，随着社会主义市场经济体制的不断完善，中国充分发挥发展中国家的成本优势，依靠扩大出口和引进外资，实现了经济的高速增长。但中国的经济增长主要依赖要素投入而缺乏生产率的进步，由于存在规模报酬递减规律终将不可持续（Krugman，1994）。随着刘易斯拐点的到来，人口红利逐渐消失，中国维持高投资、高出口拉动型的发展模式面临非常大的挑战（杨汝岱，2015）。自2012年以来，中国经济增速换挡进入新常态，经济增长率放缓至7%左右，经济发展步入转型期，中国实现经济持续增长迫切需要新的动力源泉。转变经济发展模式，实现经济增长主要依靠全要素生产率提升是中国的必然出路（蔡昉，2013）。因此，中国"十三五"规划提出"创新驱动发展成效显著，创业创新蓬勃发展，全要素生产率明显提高"的主要发展目标，旨在通过实施创新驱动发展战略，寻求经济增长的新动力。在现代企业制度下，企业作为市场经济活动的主要参与者，是经济增长、技术进步的中坚力量，经济高质量发展归根结底需要通过企业高质量发展予以实现（黄速建等，2018）。如何提高企业全要素生产率成为学者们研究的重点课题，已有研究从外部因素如自然环境（Li等，2020）、制度环境（李俊青等，2022；Lou等，2020）、产业发展（Zhou等，2019）、要素投入（吴敏等，2022；程惠芳和陆嘉俊，2014；Hsieh和KleNw，2009）和内部因素，如企业并购（Schiffbauer等，2017）、贸易行为（李平等，2021；Xu等，2019）等分析去杠杆对全要素生产率的影响。然而，鲜有文献从微观企业层面去研究分析。

后金融危机时代，中国政府实施经济刺激政策，中国实体经济杠杆率经历了大幅提高的阶段。2015 年中国的全社会杠杆率为 249%，其中非金融企业部门杠杆率为 131.20%（李扬等，2016）。2017 年中国非金融企业债务达到 132.38 万亿元，是中国当年 GDP 的 1.6 倍，远高于发达国家水平（綦好东等，2018）。高杠杆率使资本泡沫逐渐膨胀，非金融企业的债务风险问题成为影响中国经济社会持续健康发展的潜在威胁。2015 年 12 月中央经济工作会议提出供给侧结构性改革，将去杠杆列为首要任务。党的十九大报告也指出要进一步推进去杠杆工作。当前，中国非金融企业的高杠杆问题提高了企业的经营风险，严重制约了企业效率的提升。基于此，本章主要关注以下问题：去杠杆对非金融企业全要素生产率提升的政策效果如何；去杠杆通过什么渠道及如何影响企业的全要素生产率；去杠杆对企业全要素生产率的影响是否存在异质性；进一步，根据最优资本结构理论，通常认为企业杠杆率应该保持适度区间，那么，去杠杆影响企业全要素生产率是否存在门槛效应，即企业去杠杆是否也存在一个适度区间，要求企业保持适当的幅度和节奏优化资本结构。基于以上问题，本章利用 2010—2018 年中国 A 股非金融上市公司的面板数据，实证研究了去杠杆对企业全要素生产率的影响。进一步，利用中介效应模型讨论了去杠杆影响企业全要素生产率的具体路径机制。最后，利用面板门槛效应模型，检验了去杠杆对全要素生产率的门槛效应，并计算出去杠杆的适度区间。

相比已有文献，本章的边际贡献如下：第一，本章实证检验了去杠杆对企业全要素生产率的影响，丰富了评估微观领域去杠杆政策效应的文献；第二，本章首次检验去杠杆的门槛效应，发现去杠杆存在适度区间，利用微观数据印证了最优资本结构理论；第三，本章深入考察了研发投入和管理效率对去杠杆影响企业全要素生产率的中介作用，揭示了去杠杆提升企业效率的影响渠道，为研究去杠杆如何影响企业表现提供了新的思路；第四，本章的结论引申出的政策建议，对调整去杠杆政策、引导企业合理去杠杆、化解债务风险从而促进企业全要素生产率提供了重要的政策启示。

本章余下部分的安排如下：第二部分为介绍全要素生产率的测度方法，分析上市公司全要素生产率提升的特征事实；第三部分为研究设计，包括基本回归模型、中介效应模型和门槛效应模型的设定，原始数据来源与处理方式，相关变量说明等；第四部分为实证检验，报告并分析基本回归、稳健性检验和工具变量回归的实证结果；第五部分为进一步检验，主要讨论异质性、影响机制和门槛效应；最后为本章小结。

6.2 数据、变量与模型

6.2.1 数据来源及处理

在数据来源方面，本章使用的数据主要来源于国泰安 CSMAR 上市公司数据库，应用该数据库的相关学术论文发表在国内外高水平期刊上，数据质量和权威性得到保证。样本的选择方面，本章选取 2010—2018 年中国沪深两市 A 股上市公司作为样本，主要考虑的是去杠杆政策于 2015 年实施，以及 2010 年前后国家"四万亿"投资计划才接近尾声。因此，使用 2010—2018 年的样本数据能够较好地用于研究去杠杆的微观政策效应。数据处理方面，首先剔除不合理的样本，包括样本期内上市或退市的公司、被特殊警示的公司以及金融类公司，以保证样本数据的连续性和科学性；其次，处理不符合会计原则的异常数据，剔除财务数据中不符合基本逻辑的样本；最后，进一步处理可能的异常值问题，对所有变量进行双边 1% 的缩尾处理。经过数据处理，本章实证研究使用的最终样本为企业—年份层面 14095 个观测值，包含中国 A 股 1567 家非金融上市公司。

6.2.2 变量说明与描述性统计

本章使用的被解释变量，采用 4.3.1 部分中基于 OP 法估算的全要素生产率（tfp），考虑到使用单一方法估算的全要素生产率可能产生系统性偏差，在本章的稳健性检验中将同时考察多种估算方法下的实证结果；本章的核心解释变量为去杠杆，采用以下两种方法来衡量企业去杠杆：第一，杠杆率的变动程度（$dlev$）。计算方法为：$dlev_{ft} = lev_{ft-1} - lev_{ft}$，即用企业第 $t-1$ 期的杠杆率减去第 t 期的杠杆率，若 $dlev_{ft} > 0$ 意味着企业去杠杆，否则为"加杠杆"。第二，去杠杆虚拟变量（$dumlev$）。该虚拟变量用于稳健性检验，若 $dlev_{ft} > 0$，则 $dumlev$ 赋值为 1，否则赋值为 0。此外，本章还借鉴已有文献（潘越等，2019；

钟凯等，2016），选取以下变量控制企业层面特征：资产收益率（roa），采用税后净利润与总资产比值衡量；企业成长性（$growth$），采用利润总额本年本期金额减去利润总额上年同期金额的差值与利润总额上年同期金额的比值来衡量；企业规模（$size$），采用企业年末总资产取对数衡量；企业抵押能力（$mortgage$），采用固定资产与存货之和比总资产衡量；流动比率（$liquidity$），采用流动资产比流动负债衡量；资本密集度（$capital$），采用企业固定资产总额比员工人数衡量；无形资产占比（$intangibleratio$），采用无形资产在总资产中的比重衡量；企业年龄（age），采用企业成立年份取对数衡量。最后，本章还控制了企业固定效应和年份固定效应，以控制个体和时间层面不可观测的因素对实证结果可能产生的干扰。

从表 6-1 的统计结果可以看出，2010—2018 年中国 A 股上市公司全要素生产率（tfp）[1] 平均值为 12.8948，最大值为 15.8210，而最小值为 10.2990，说明长期来看，总体上样本企业全要素生产率维持在一个较高的水平，但各企业间也存在显著差异。从杠杆变动率（$dlev$）来看，最大值为 0.7350，最小值为 -0.8386，均值和中位数均在 0 值附近，说明不同企业之间进行杠杆率调整的决策存在较大差异。此外，其他变量的数值波动均在正态范围内，不存在明显的极端值问题，说明本章选取的样本数据有效。

表 6-1   描述性统计

变量	变量含义	均值	标准差	最小值	中位数	最大值
tfp	全要素生产率	12.8948	0.9368	10.2990	12.7987	15.8210
$dlev$	杠杆变动率	-0.0058	0.0885	-0.8386	-0.0054	0.7350
roa	资产收益率	0.0347	0.0564	-0.2647	0.0317	0.2398
$growth$	销售增长	-0.0754	4.0144	-29.6631	0.0912	24.8075
$size$	企业规模	22.3550	1.3358	19.0952	22.2044	26.7086
$mortgage$	企业抵押能力	0.4016	0.1850	0.0104	0.3924	0.8534
$liquidity$	流动比率	1.7986	1.3566	0.2039	1.4453	25.7969
$capital$	资本密集度	0.6523	1.3183	0.0073	0.2880	12.2925
$intangibletatio$	无形资产占比	0.0494	0.0637	0.0000	0.0334	0.5179
age	企业年龄	2.8107	0.3832	1.3863	2.8904	3.4965

资料来源：笔者自行整理。

---

① 本书中的全要素生产率（tfp）均为取对数后的值。

6.2.3 模型选择

6.2.3.1 基本回归模型

借鉴已有研究，本章拟采用以下计量模型，检验去杠杆对企业全要素生产率的影响：

$$tfp_{ft} = \alpha + \beta dlev_{ft} + \lambda X_{ft} + \theta_f + \gamma_t + \mu_{ft} \qquad (6.1)$$

其中，被解释变量 tfp_{ft} 代表企业 f 第 t 年的全要素生产率；$dlev_{ft}$ 为企业 f 第 t 年杠杆率的变动程度；X_{ft} 为企业层面的控制变量集；θ_f 和 γ_t 代表双向固定效应，分别控制企业层面和年份层面的不可观测因素；α 为常数项；μ_{ft} 为随机误差项。

6.2.3.2 门槛效应模型

根据前文的理论分析，去杠杆和企业全要素生产率之间可能存在非线性关系。基于此，本章参考 Hansen（1999）提出的面板门槛回归模型加以考察，模型设定如下：

$$tfp_{ft} = \alpha_1 + \beta_1 dlev_{ft}I(Q_{ft} < \pi_1) + \beta_2 dlev_{ft}I(\pi_1 \leqslant Q_{ft} < \pi_2)$$
$$+ \beta_3 dlev_{ft}I(Q_{ft} \geqslant \pi_2) + \lambda_1 X_{ft} + \theta_f + \gamma_t + \mu_{ft} \qquad (6.2)$$

其中，$I(*)$ 为示性函数；Q_{ft} 为门槛变量，即企业杠杆变动率（$dlev$）；π 为待估计的门槛值；被解释变量 tfp_{ft} 为企业 f 第 t 年的全要素生产率；$dlev_{ft}$ 为企业 f 第 t 年杠杆率的变动程度；X_{ft} 为企业层面的控制变量集；θ_f 和 γ_t 分别代表企业固定效应和年份固定效应；α 为常数项；μ_{ft} 为随机误差项。

6.2.3.3 中介效应模型

在基本回归和门槛效应检验的基础上，本章试图考察去杠杆影响企业全要素生产率的机制渠道，借鉴温忠麟和叶宝娟（2014）提出的中介效应分析方法，设定以下回归模型：

$$tfp_{ft} = \alpha_1 + \beta_1 dlev_{ft} + \lambda_1 X_{ft} + \theta_f + \gamma_t + \mu_{ft} \qquad (6.3)$$

$$M_{ft} = \alpha_2 + \beta_2 dlev_{ft} + \lambda_2 X_{ft} + \theta_f + \gamma_t + \mu_{ft} \qquad (6.4)$$

$$tfp_{ft} = \alpha_3 + \beta_3 dlev_{ft} + \delta M_{ft} + \lambda_3 X_{ft} + \theta_f + \gamma_t + \mu_{ft} \qquad (6.5)$$

其中，M_{ft} 为中介变量，其他与基本回归模型一致。根据中介效应检验方法，模型（6.3）检验关键解释变量 $dlev_{ft}$ 对被解释变量 tfp_{ft} 的总效应，模型（6.4）中的系数 β_2 为解释变量 $dlev_{ft}$ 对中介变量 M_{ft} 的效应，模型（6.5）中，系数 δ

为中介变量 M_{ft} 对被解释变量 tfp_{ft} 的效应，系数 β_3 为解释变量 $dlev_{ft}$ 对被解释变量 tfp_{ft} 的直接效应。

6.3 实证研究

6.3.1 全样本回归

表 6.2 汇报了全样本回归的估计结果。第（1）列仅包含杠杆变动率（dlev），第（2）列中加入了企业、年份固定效应，第（3）列中则进一步加入了企业层面的控制变量。从结果来看，无论是否加入固定效应和控制变量，企业杠杆变动率（dlev）的系数始终在 1% 的水平下显著为正，说明去杠杆显著提高了企业的全要素生产率。接下来，以列（3）的结果为基准进行分析。从核心解释变量来看，企业杠杆变动率（dlev）的回归系数为 0.1667 且显著为正，说明在其他因素不变的前提下，企业杠杆变动率（dlev）每增加 0.1 个单位，即企业杠杆率每下降 10%，企业的全要素生产率平均提高 1.67%。从控制变量的回归结果来看：资产收益率（roa）的系数为 1.5485，在 1% 的水平下显著为正，说明资产收益率越高，企业全要素生产率也越高；企业规模（size）的系数也在 1% 的水平下显著为正，说明企业规模与企业全要素生产率显著正相关；企业抵押能力（mortgage）、流动比率（liquidity）、无形资产占比（intangibletatio）的系数均在 1% 的水平下显著为负，说明企业的抵押能力、流动比率和无形资产占比均与全要素生产率显著负相关；资本密集度（capital）的系数为 0.0523，且在 1% 的水平下显著为正，说明资本密集型企业的全要素生产率更高，以上结论基本符合逻辑。综上所述，全样本回归结果基本证明，去杠杆优化了企业资本结构，释放了财务风险，有利于促进企业的全要素生产率提升。

表 6 − 2　　　　　　　　　　　基本回归结果

变量	（1）	（2）	（3）
dlev	0.2266 ***	0.1879 ***	0.1667 ***
	（0.0638）	（0.0615）	（0.0599）
roa			1.5485 ***
			（0.1422）

续表

变量	（1）	（2）	（3）
growth			0.0020
			（0.0014）
size			0.3696 ***
			（0.0139）
mortgage			−0.8245 ***
			（0.0597）
liquidity			−0.0218 ***
			（0.0057）
capital			0.0523 ***
			（0.0137）
intangibleratio			−1.2354 ***
			（0.1824）
age			0.0944 *
			（0.0520）
constant	12.9192 ***	12.9190 ***	4.7197 ***
	（0.0036）	（0.0033）	（0.3288）
企业固定效应	N	Y	Y
年份固定效应	N	Y	Y
observations	13742	13742	12529
R^2	0.8255	0.8470	0.8978

注：*** 、** 和 * 分别表示在 1%、5% 和 10% 的水平下显著；括号内为异方差调整后的稳健标准误。

6.3.2　门槛效应检验

前文理论分析中提出，去杠杆对企业全要素生产率的影响存在非线性关系，本章通过构建门槛回归模型［见式（6.2）］检验去杠杆对全要素生产率的影响是否存在适度区间。根据 Wang（2015）的做法，首先利用 Stata16 进行面板门槛效应检验，依次检验单一门槛、双重门槛和三重门槛模型。检验结果如表 6-3 所示，双重门槛模型的 F 值为 488.99，远高于 10% 临界值水平，显著拒绝了单一门槛的原假设。同时图 6-1 还报告了双重门槛模型的 LR 分布图，虚线为似然估计 LR 的临界值，得到两个门槛值分别为 −0.1761 和 0.1447，95% 的置信区间分别为［−0.1849，−0.1673］、［0.1375，0.1519］。

综上所述，采用双重门槛模型进行估计。

表6-3   门槛效应检验

门槛类型	F	Prob	10%临界值	5%临界值	1%临界值
单一门槛	489.86	0.067	7.0962	8.8208	13.9292
双重门槛	488.99	0.030	9.0912	10.5432	16.3343
三重门槛	488.89	0.853	8.0691	10.3349	15.4720

注：检验结果由 Stata16 软件计算所得，Bootstrap 抽样次数为 300 次。

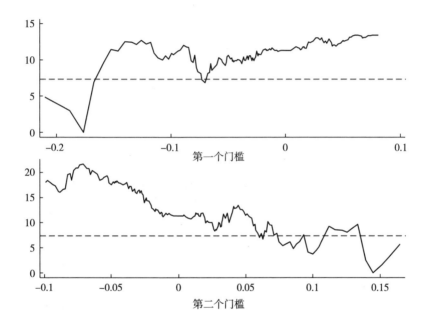

图6-1 门槛效应检验 LR 分布

表6-4 报告门槛效应模型的估计结果，列（1）的基本回归结果作为对照，列（2）为双重门槛效应回归结果。统计结果显示，去杠杆对企业全要素生产率的影响存在显著的门槛效应。当企业当年去杠杆水平低于 -17.61% 时，去杠杆对企业全要素生产率的影响显著为负。而当企业去杠杆水平高于门槛值 -17.61% 时，去杠杆对企业全要素生产率的影响由负转正，且在 1% 的水平下显著。当企业去杠杆水平高于下一个门槛值 14.47% 时，$dlev$ 的系数由正转负，对全要素生产率呈负向影响。以上分析表明，去杠杆与企业全要素生产率存在非线性关系，最优资本结构理论也得到印证，企业同年度去杠杆水平保持

在适度区间 ［ - 17.61% ， 14.47% ］ 内对全要素生产率的促进效果最优。同时，门槛值 - 17.61% 也表明，适度的加杠杆，即同年度增加的杠杆率保持在 ［0，17.61% ］，对企业全要素生产率的增长仍具有显著促进作用。

表 6 - 4 　　　　　　　　　　门槛模型回归结果

变量	（1） 基本回归	（2） 门槛回归
dlev	0.1747 *** (0.0579)	
dlev （Q_{ft} < - 0.1761）		- 0.1695 * (0.0944)
dlev （ - 0.1761 ≤ Q_{ft} < 0.1447）		0.3442 *** (0.0658)
dlev （Q_{ft} ≥ 0.1447）		- 0.0548 (0.1008)
roa	1.5882 *** (0.1375)	1.9961 *** (0.1276)
growth	0.0021 (0.0013)	0.0035 ** (0.0016)
size	0.3588 *** (0.0138)	0.3944 *** (0.0100)
mortgage	- 0.7996 *** (0.0581)	- 0.6339 *** (0.0446)
liquidity	- 0.0204 *** (0.0057)	- 0.0241 *** (0.0051)
capital	0.0657 *** (0.0139)	0.0269 *** (0.0066)
intangibleratio	- 1.0188 *** (0.1748)	- 1.2449 *** (0.1386)
age	0.0977 * (0.0510)	0.0034 (0.0555)
constant	4.9212 *** (0.3258)	4.4250 *** (0.2884)

变量	(1)	(2)
	基本回归	门槛回归
企业固定效应	Y	Y
年份固定效应	Y	Y
observations	12528	7568
R^2	0.9036	0.4008

注：***、**和*分别表示在1%、5%和10%的水平下显著；括号内为异方差调整后的稳健标准误。

6.3.3　中介效应检验

本部分主要探究去杠杆影响企业全要素生产率的机制路径。根据前文理论部分的分析，本章构建研发投入和管理效率两个中介变量。一是研发投入（*rd*），用企业研发费的对数值来表示。二是管理效率（*management*），借鉴孙浦阳等（2018）的做法，以控制了企业规模、成本加成后的管理费用残差值衡量各个企业的管理效率。需要说明的是，孙浦阳等（2018）的研究中加入了出口值，但目前出口数据只更新到 2013 年，因此本章未将其纳入估算的方程中。计算的模型设定如下：

$$management_{ft} = \alpha_1 L_{ft} + \alpha_2 markup_{ft} + \theta_f + \gamma_t + \mu_{ft} \tag{6.6}$$

其中，$management_{ft}$ 是 t 年 f 企业管理费用取对数后的值；L_{ft} 为劳动力的对数值；$markup_{ft}$ 为企业成本加成，本章使用企业收益与利润差值来衡量；θ_f 和 γ_t 分别代表企业固定效应和年份固定效应；回归得到的残差值 μ_{ft} 即为企业的管理效率，但使用此种方法计算得出的管理效率值越大代表管理效率越低，为了使实证结果更为直观，本章对其进行了正负变换处理。

然后，根据中介效应依次检验的方法，将上述中介变量研发投入（*rd*）和管理效率（*management*）依次代入回归模型［见式（6.3）至式（6.5）］，回归结果如表 6-5 所示。根据中介效应检验的依次检验法可知，研发投入和管理效率的中介效应均显著。表 6-5 列（1）中企业杠杆变动率（*dlev*）的系数为 0.2829，在 1% 的水平下显著，说明去杠杆显著增加了企业的研发投入，而列（2）中研发投入（*rd*）的系数在 1% 的水平下显著为正，表明去杠杆通过增加研发投入提升企业全要素生产率。同理，表 6-5 列（3）中企业杠杆变动率（*dlev*）的系数为 0.1011，在 1% 的水平下显著，说明去杠杆显著提升了企业管理效率，而列（4）中管理效率（*management*）的系数在1%的水平下显著为正，表明去杠杆通过提升管理效率促进企业全要素生产率提升。因此，综合表6 –5的结果来看，去杠杆通过显著增加企业研发投入提升企业的管理效率，从而促进全要素生产率的提升，中介效应检验的结果与前文理论分析的结论相符。

表6 –5　　　　　　　　　　　　中介效应检验回归结果

变量	(1)	(2)	(3)	(4)
	研发投入		管理效率	
	rd	*tfp_ op*	*management*	*tfp_ op*
dlev	0. 2829 ***	0. 1137 *	0. 1011 ***	0. 1578 ***
	(0. 0979)	(0. 0597)	(0. 0349)	(0. 0599)
rd		0. 0423 ***		
		(0. 0079)		
management				0. 0885 ***
				(0. 0232)
roa	0. 9157 ***	1. 3427 ***	− 0. 5092 ***	1. 5936 ***
	(0. 2462)	(0. 1515)	(0. 0883)	(0. 1414)
growth	− 0. 0054 **	− 0. 0008	− 0. 0019 **	0. 0022
	(0. 0024)	(0. 0012)	(0. 0008)	(0. 0014)
size	0. 7318 ***	0. 3143 ***	0. 2863 ***	0. 3443 ***
	(0. 0281)	(0. 0184)	(0. 0088)	(0. 0162)
mortgage	0. 4508 ***	− 0. 9324 ***	− 0. 2050 ***	− 0. 8063 ***
	(0. 1224)	(0. 0669)	(0. 0351)	(0. 0594)
liquidity	− 0. 0137 *	− 0. 0295 ***	− 0. 0078 **	− 0. 0211 ***
	(0. 0076)	(0. 0060)	(0. 0032)	(0. 0058)
capital	− 0. 0715 *	0. 0780 ***	0. 0746 ***	0. 0457 ***
	(0. 0371)	(0. 0218)	(0. 0086)	(0. 0135)
intangibleratio	− 0. 5427	− 0. 6940 ***	0. 5999 ***	− 1. 2885 ***
	(0. 3665)	(0. 1991)	(0. 0951)	(0. 1838)
age	− 0. 3461 ***	0. 1404 **	0. 2973 ***	0. 0681
	(0. 1267)	(0. 0578)	(0. 0386)	(0. 0519)
constant	2. 3772 ***	5. 0479 ***	− 7. 2108 ***	5. 3577 ***
	(0. 6801)	(0. 3969)	(0. 2299)	(0. 3848)

变量	(1)	(2)	(3)	(4)
	研发投入		管理效率	
	rd	*tfp_ op*	*management*	*tfp_ op*
企业固定效应	Y	Y	Y	Y
年份固定效应	Y	Y	Y	Y
observations	8640	8640	12529	12529
R^2	0.9025	0.9234	0.8948	0.8981

注：***、** 和 * 分别表示在 1%、5% 和 10% 的水平下显著；括号内为异方差调整后的稳健标准误。

6.4　进一步研究

6.4.1　分样本回归

以上对去杠杆影响企业全要素生产率进行了基本分析，但是去杠杆对企业全要素生产率的影响也可能由于企业其他因素的不同而呈现异质性特征。本部分通过以下三个方面进行分组回归，进一步讨论可能存在的异质性影响：第一，企业规模异质性。由于不同行业企业规模的平均水平存在差异，因此，我们以企业所在行业总资产的平均水平作为参照，企业总资产在行业内前 30% 和后 30% 的分别划分为大型企业和小型企业。第二，行业异质性。我们根据《产业结构调整指导目录（2011 年版）》，将限制、引导和淘汰类行业划分为产能过剩行业，其他行业则划分为非产能过剩行业。第三，地区异质性。根据 CSMAR 国泰安数据库提供的上市公司注册地址所在省份的信息，将样本企业划分为东部、中部、西部三组。

表 6 - 6 分别报告了分组回归的结果。统计结果显示：其一，大型企业和小型企业杠杆变动率（*dlev*）的系数分别为 0.0490 和 0.3890，二者系数皆为正，但大型企业系数明显小于小型企业，且大型企业系数不显著，而小型企业系数在 1% 的水平下显著，说明相比大型企业，小型企业去杠杆对全要素生产率的提升效果更显著。原因可能在于小型企业往往面临着更大的融资压力（魏志华等，2014），去杠杆能够很好地缓解其融资约束，拓宽小企业融资渠道，进而促进全要素生产率的提高。其二，产能过剩企业和非产能过剩企业杠

杆变动率（*dlev*）的系数分别为 0.2140 和 0.1532，但非产能过剩组在 5% 的水平下显著，而产能过剩组不显著，表明相对于产能过剩企业，非产能过剩企业在去杠杆后全要素生产率增长效果更明显。其可能的原因在于去产能与去杠杆两项政策是同时进行的，产能过剩企业面临着减产、转型等诸多困境，去杠杆可能使其面临更大的资金压力，因此对其全要素生产率的增长效应不显著。其三，区分东部、中部、西部企业杠杆变动率（*dlev*）的系数分别为 0.1893、0.0865、0.1780，仅东部地区的系数在 5% 的水平下显著，说明去杠杆对东部地区企业全要素生产率促进作用更显著，而从中西部地区检验结果来看，西部地区系数显著大于中部地区，表明相对于中部地区，去杠杆对于西部地区全要素生产率促进作用更大，因此综合来看，分地区检验的结果为：东部 > 西部 > 中部。究其原因是我国东部地区经济较发达，金融资源丰富，融资渠道较完善，且企业大多属于高技术产业。而我国中西部地区发展较落后，金融基础设施落后，地区条件的限制导致中西部地区相对于东部地区融资难度加大，资源流动受阻，中央政府实施去杠杆政策严控地方债规模，可能加剧中西部地区融资压力。

表 6-6 　　　　　　　　　　异质性检验回归结果

变量	(1) 大型企业	(2) 小型企业	(3) 产能过剩企业	(4) 非产能过剩企业	(5) 东部	(6) 中部	(7) 西部
dlev	0.0490	0.3890 ***	0.2140	0.1532 **	0.1893 **	0.0865	0.1780
	(0.0732)	(0.1312)	(0.1539)	(0.0645)	(0.0765)	(0.1346)	(0.1245)
roa	2.0540 ***	1.0556 ***	1.3972 ***	1.5539 ***	1.4318 ***	1.8385 ***	1.8971 ***
	(0.1866)	(0.2882)	(0.3041)	(0.1568)	(0.1739)	(0.3404)	(0.3189)
growth	0.0014	0.0024	− 0.0004	0.0026	0.0020	0.0009	0.0021
	(0.0015)	(0.0030)	(0.0022)	(0.0016)	(0.0018)	(0.0024)	(0.0036)
size	0.3242 ***	0.3813 ***	0.1996 ***	0.3852 ***	0.3642 ***	0.3513 ***	0.4122 ***
	(0.0242)	(0.0476)	(0.0421)	(0.0145)	(0.0173)	(0.0337)	(0.0331)
mortgage	− 0.7983 ***	− 0.9227 ***	− 0.6774 ***	− 0.8220 ***	− 0.7477 ***	− 1.1690 ***	− 0.7843 ***
	(0.0883)	(0.1327)	(0.1701)	(0.0623)	(0.0716)	(0.1551)	(0.1475)
liquidity	− 0.0174 *	− 0.0184	0.0111	− 0.0219 ***	− 0.0237 ***	− 0.0448 ***	0.0062
	(0.0097)	(0.0113)	(0.0172)	(0.0060)	(0.0066)	(0.0153)	(0.0130)
capital	0.1179 ***	0.0627 *	0.0292	0.0721 ***	0.0623 ***	0.0218	0.0340
	(0.0125)	(0.0339)	(0.0252)	(0.0162)	(0.0165)	(0.0330)	(0.0263)

变量	(1)	(2)	(3)	(4)	(5)	(6)	(7)
	大型企业	小型企业	产能过剩企业	非产能过剩企业	东部	中部	西部
intangibleratio	−0.0208	−1.6860 ***	−0.3582	−1.3625 ***	−1.4416 ***	−0.7470 **	−1.2372 ***
	(0.2626)	(0.3838)	(0.5627)	(0.1934)	(0.2464)	(0.3690)	(0.3358)
age	0.1901 **	0.3507 ***	0.7946 ***	0.0370	0.1279 **	−0.1296	0.1518
	(0.0781)	(0.1287)	(0.2789)	(0.0531)	(0.0610)	(0.1149)	(0.1694)
constant	5.3986 ***	3.7679 ***	6.4359 ***	4.5400 ***	4.7869 ***	5.8537 ***	3.3458 ***
	(0.6053)	(1.0046)	(1.1406)	(0.3452)	(0.4094)	(0.7506)	(0.8329)
企业固定效应	Y	Y	Y	Y	Y	Y	Y
年份固定效应	Y	Y	Y	Y	Y	Y	Y
observations	5238	3214	1284	11245	8548	2135	1825
R^2	0.9331	0.8586	0.9188	0.8964	0.8968	0.9015	0.8857

注：***、** 和 * 分别表示在 1%、5% 和 10% 的水平下显著；括号内为异方差调整后的稳健标准误。

6.4.2　稳健性检验

为了保证前文实证结果的稳健性，本章从以下几个方面进行稳健性检验：第一，改变关键被解释变量测度方法，本章结论能否成立很大程度上依赖于估算的全要素生产率指标的可靠性，表 6 - 7 第（1）、第（2）、第（3）列分别报告了 LP 法、FE 法及近似全要素生产率的回归结果。结果表明，无论使用哪种方法估算的企业全要素生产率，*dlev* 的系数至少在 5% 的水平下显著为正，与基本回归结果一致。第二，采用去杠杆虚拟变量（*dumlev*）替换关键的解释变量杠杆变动率（*dlev*），当企业杠杆变动率（*dlev*）大于 0 时，*dumlev* 赋值为 1，否则赋值为 0。表 6 - 8 第（1）列的结果显示，去杠杆虚拟变量（*dumlev*）的系数为 0.0343，在 1% 的水平下显著。第三，关于多维固定效应的使用，尽管控制企业固定效应通常包含了地区和行业信息，但是样本数据中仍然存在部分企业所在地及所处行业发生变化。考虑到地区和行业层面无法观测的因素可能对估计一致性产生影响，我们在表 6 - 8 第（2）列中控制行业、年份和地区固定效应，在第（3）列中控制全部维度的固定效应，杠杆变动率（*dlev*）的回归系数均显著为正。第四，考虑到中国上市公司的数据在地区层面可能存在的自相关问题，我们在地区—年份层面进行聚类，结果如表 6 - 8 第（4）

列所示，杠杆变动率（dlev）的回归系数仍显著为正。第五，由于直辖市相对于其他省份在经济政策、发展环境等方面存在诸多优势，因此删除直辖市的样本，排除可能的干扰。我们通过提取上市公司的注册地址中包含的省份信息来识别企业所在地。表6-8第（5）列报告了剔除直辖市样本后的回归结果，杠杆变动率（dlev）的系数在10%的水平下显著。综上所述，在进行一系列的稳健性检验后，去杠杆显著提高了企业的全要素生产率的结论基本稳健。

表6-7　　　　　　　　稳健性检验——改变测度方法

变量	（1）	（2）	（3）
	LP法全要素生产率	FE法全要素生产率	近似全要素生产率
dlev	0.1947 ***	0.1512 **	0.1310 **
	(0.0594)	(0.0623)	(0.0651)
roa	1.6110 ***	1.5507 ***	1.4940 ***
	(0.1393)	(0.1485)	(0.1567)
growth	0.0009	0.0023	0.0030 *
	(0.0013)	(0.0014)	(0.0015)
size	0.5704 ***	0.2926 ***	0.1510 ***
	(0.0137)	(0.0148)	(0.0164)
mortgage	-0.5959 ***	-1.0147 ***	-1.2125 ***
	(0.0580)	(0.0638)	(0.0695)
liquidity	-0.0273 ***	-0.0187 ***	-0.0135 **
	(0.0058)	(0.0058)	(0.0061)
capital	-0.0449 ***	0.0557 ***	0.1180 ***
	(0.0119)	(0.0151)	(0.0169)
intangibleratio	-1.0467 ***	-1.3815 ***	-1.5311 ***
	(0.1710)	(0.1962)	(0.2203)
age	0.0804	0.0921 *	0.0973
	(0.0502)	(0.0544)	(0.0594)
constant	2.2009 ***	4.9798 ***	6.4676 ***
	(0.3243)	(0.3479)	(0.3811)
企业固定效应	Y	Y	Y
行业固定效应	N	N	N
年份固定效应	Y	Y	Y
地区固定效应	N	N	N
observations	12529	12529	12528
R^2	0.9315	0.8822	0.8630

注：*** 、** 和 * 分别表示在1%、5%和10%的水平下显著；括号内为异方差调整后的稳健标准误。

表 6 - 8　　　　　　　　　　　其他稳健性检验

变量	（1）更换解释变量	（2）控制地区行业年份	（3）控制所有维度	（4）地区—年份层面聚类	（5）剔除直辖市样本
dumlev	0.0343 ***				
	（0.0066）				
dlev		0.2147 ***	0.1745 ***	0.1745 ***	0.1275 *
		（0.0829）	（0.0579）	（0.0583）	（0.0662）
roa	1.6113 ***	1.9395 ***	1.5880 ***	1.5880 ***	1.6787 ***
	（0.1444）	（0.1396）	（0.1375）	（0.1634）	（0.1500）
growth	0.0019	0.0024	0.0021	0.0021	0.0014
	（0.0013）	（0.0017）	（0.0013）	（0.0013）	（0.0015）
size	0.3763 ***	0.4190 ***	0.3588 ***	0.3588 ***	0.3496 ***
	（0.0157）	（0.0054）	（0.0138）	（0.0126）	（0.0156）
mortgage	- 0.8067 ***	- 0.6049 ***	- 0.7993 ***	- 0.7993 ***	- 0.7577 ***
	（0.0594）	（0.0501）	（0.0581）	（0.0576）	（0.0642）
liquidity	- 0.0199 ***	- 0.0307 ***	- 0.0204 ***	- 0.0204 ***	- 0.0177 ***
	（0.0054）	（0.0051）	（0.0057）	（0.0057）	（0.0062）
capital	0.0664 ***	0.0015	0.0657 ***	0.0657 ***	0.0533 ***
	（0.0112）	（0.0080）	（0.0139）	（0.0163）	（0.0175）
intangibleratio	- 1.1402 ***	- 0.9885 ***	- 1.0183 ***	- 1.0183 ***	- 0.9491 ***
	（0.1679）	（0.1088）	（0.1748）	（0.1929）	（0.1892）
age	0.0730	0.0763 ***	0.0983 *	0.0983 *	0.0853
	（0.0474）	（0.0154）	（0.0510）	（0.0508）	（0.0564）
constant	4.5905 ***	3.5987 ***	4.9190 ***	4.9190 ***	5.1016 ***
	（0.3576）	（0.1342）	（0.3258）	（0.2805）	（0.3597）
企业固定效应	Y	N	Y	Y	Y
行业固定效应	N	Y	Y	Y	Y
年份固定效应	Y	Y	Y	Y	Y
地区固定效应	N	Y	Y	N	N
observations	13853	12533	12523	12523	9782
R^2	0.8884	0.6250	0.9036	0.9036	0.9007

注：*** 、** 和 * 分别表示在 1%、5% 和 10% 的水平下显著；括号内为异方差调整后的稳健标准误。

6.4.3 内生性问题讨论

本章研究去杠杆对企业全要素生产率的影响。一方面，尽管在模型中控制了较多的企业特征变量以及企业和年份固定效应，但仍存在不可观测的因素对实证结果产生干扰；另一方面，企业根据自身绩效表现可能会选择杠杆率水平，即全要素生产率会反向影响企业去杠杆。因此，本章的研究可能存在遗漏变量和反向因果等内生性问题，从而导致估计结果不一致的问题，为此我们采用工具变量两阶段最小二乘法（2SLS）重新估计去杠杆对企业的全要素生产率的影响。一个合理有效的工具变量应当既满足相关性假设又满足外生性假设，即本章选择的工具变量应当与杠杆变动率（$dlev$）相关，而与企业全要素生产率（tfp）无关。通常，企业层面的内生性问题只存在于企业个体层面，而不影响行业和地区层面，因此使用行业或地区层面内生变量的均值作为工具变量可以缓解内生性问题（Lin 等，2012）。行业层面的杠杆变动率的均值一方面能够反映整个行业的债务情况，与行业内单个企业的杠杆率变动情况相关；另一方面企业的全要素生产率源于企业内部的经营决策，因此行业层面的均值也是相对外生的，可满足工具变量的外生性假设。基于以上分析，本章选取企业所在四位码行业层面的杠杆变动率（$dlev$）作为工具变量进行两阶段最小二乘法（2SLS）回归。表 6 - 9 的第（1）列和第（2）列分别报告了第一阶段和第二阶段的回归结果。第一阶段的结果显示，行业层面的去杠杆率显著影响到企业的去杠杆率水平，说明行业层面的去杠杆政策显著影响着企业的去杠杆力度。第二阶段回归结果显示，企业杠杆变动率（$dlev$）的系数在1%的水平下显著为正，说明在使用工具变量克服可能存在的内生性问题后，企业杠杆变动率（$dlev$）与企业全要素生产率（tfp）仍然显著正相关，与之前的结论一致。

表 6 - 9　　　　　　　　　　IV - 2SLS 回归结果

变量	(1)	(2)
	第一阶段	第二阶段
$dlevind$	0.8176 ***	
	(0.0310)	
$dlev$		0.2890 ***
		(0.1305)

续表

变量	（1）	（2）
	第一阶段	第二阶段
roa	0. 3768 ***	1. 4942 ***
	（0. 0315）	（0. 1709）
growth	− 0. 0006	0. 0021
	（0. 0004）	（0. 0014）
size	− 0. 0081 ***	0. 3712 ***
	（0. 0026）	（0. 0240）
mortgage	0. 0194	− 0. 8273 ***
	（0. 0122）	（0. 0878）
liquidity	0. 0165 ***	− 0. 0240 ***
	（0. 0022）	（0. 0075）
capital	0. 0002	0. 0523 ***
	（0. 0017）	（0. 0184）
intangibleratio	0. 0550 *	− 1. 2425 ***
	（0. 0331）	（0. 3035）
age	0. 0966 ***	0. 0804
	（0. 0132）	（0. 0819）
企业固定效应	Y	Y
年份固定效应	Y	Y
observations	12529	12529

注： *** 、 ** 和 * 分别表示在1% 、5% 和10% 的水平下显著；括号内为异方差调整后的稳健标准误。

本章小结

本章选取 2010—2018 年中国 A 股非金融上市公司作为样本，在利用 OP 法估算的企业全要素生产率的基础上，构建微观企业层面的去杠杆变量，实证分析了去杠杆对企业全要素生产率的影响。本章的研究发现：首先，去杠杆与企业全要素生产率显著正相关，就上市公司的样本数据而言，降低杠杆率能够显著促进企业全要素生产率的提升；其次，去杠杆的效果存在明显的异质性，主要受企业规模、所在行业及地区等因素影响，其中小型企业、非产能过剩行业的企业以及东部地区企业，去杠杆对企业全要素生产率的提升效果更好；再次，去杠杆主要通过增加研发投入和提高管理效率两个方面提升企业全要素生产率；最后，去杠杆与企业全要素生产率呈非线性关系，当去杠杆水平保持在 ［-17.61%，14.47%］ 时有利于促进企业全要素生产率提升，超出该范围则适得其反，与理论分析一致，适度去杠杆对企业高质量发展具有促进作用。

第7章 去杠杆对企业高质量
发展的影响

——基于企业创新的研究

7.1 问题的提出

创新活动是经济保持活力的不竭源泉。党的十九大报告指出，"要加快建设创新型国家，建立以企业为主体、市场为导向、产学研深度融合的技术创新体系"。企业作为创新活动的主体和"排头兵"，已成为国家实现创新驱动发展的核心力量。与此同时，企业创新能力的提升也增强了企业的市场竞争力，提高了企业的市场价值（Porter，1992），从而激发了企业加大研发创新的积极性，形成良性互动。然而，创新活动本质上是风险投资行为，由于存在投入规模大、投资风险高、回报周期长等特征（张璇等，2017），企业进行研发创新活动面临最大的问题就是资金困难。通常来说，鲜有企业能够完全依靠自身强大的现金流支撑持续的研发创新活动，大多数企业通过融资借债的方式，利用金融杠杆来扩大现金流，从而维持企业的正常经营和持续的创新投入。然而，随着企业债务水平的提高，企业将面临更大的债务偿还压力，造成企业财务紧张，影响持续的研发投入，不利于企业的创新活动。

自2008年以来，由于中国政府实施经济刺激政策，中国实体经济杠杆率经历了大幅提高的阶段。2015年中国的全社会杠杆率为249%，其中非金融企业部门杠杆率为131.20%（李扬等，2016）。2017年中国非金融企业债务达到132.38万亿元，是中国当年GDP的1.6倍，远高于发达国家水平（綦好东等，2018）。高杠杆率使资本泡沫逐渐膨胀，非金融企业的债务风险问题成为影响中国经济社会持续健康发展的潜在威胁。2015年12月中央经济工作会议提出供给侧结构性改革，将去杠杆列为首要任务。党的十九大报告也指出要进一步推进去杠杆工作。因此,当前中国非金融企业主要面临的问题是高杠杆提高了企业的经营风险,严重制约了企业创新。如何处理好去杠杆和企业创新之间的关系,成为亟须解决的重要问题。基于此,本章主要关注如下问题:去杠杆对企业创新的政策效果具体如何?如果政策有效,去杠杆又是通过什么渠道如何影响企业的创新?去杠杆对企业创新的影响是否因企业异质性而存在差异?进一步地,根据最优资本结构理论,去杠杆与企业创新之间的非线性关系是否成立?去杠杆是否也存在一个适度区间?

基于此,本章利用 2010—2018 年中国 A 股非金融上市公司的面板数据,实证研究了去杠杆对企业创新的影响效应和影响渠道,并进一步考察了去杠杆影响企业创新的规模异质性、行业异质性和所有制异质性。本章还创新性地检验了去杠杆影响企业创新的门槛效应,讨论了去杠杆的适度区间。相比已有文献,本章的边际贡献如下:第一,本章实证检验了去杠杆对企业创新的影响,为从微观领域评估去杠杆的政策效应提供了新的经验证据。第二,考察去杠杆对企业创新的影响渠道,发现去杠杆通过降低财务费用和提高管理效率促进企业创新,为研究去杠杆如何影响企业表现提供了新的思路。第三,考察并发现去杠杆的门槛效应,并发现为去杠杆存在适度区间,超出适度区间,去杠杆的效果就会减弱或者适得其反。第四,本章的结论引申出的政策建议,对国家进一步调整去杠杆政策,引导企业合理去杠杆,从而防范和化解高杠杆的债务危机,提供了重要的政策参考。

本章余下部分的安排如下:第二部分介绍计量模型设定、变量的选取和测度以及数据来源和处理;第三部分报告全样本估计结果、稳健性检验和工具变量检验结果;第四部分进一步检验异质性、影响机制和门槛效应;最后为本章小结。

7.2　研究设计

7.2.1　计量模型设定

7.2.1.1　模型设定

为了检验去杠杆对企业创新的影响,本章设定以下计量模型:

$$ip_{ft} = \alpha + \beta dlev_{ft} + \lambda X_{ft} + \theta_f + \gamma_t + \mu_{ft} \qquad (7.1)$$

其中，被解释变量 ip_{ft} 代表企业 f 第 t 年的创新；$dlev_{ft}$ 为企业 f 第 t 年短期杠杆率的变动程度；X_{ft} 为企业层面的控制变量集；θ_f 和 γ_t 分别代表个体固定效应和年份固定效应；α 为常数项；μ_{ft} 为随机误差项。

7.2.1.2 变量选择

第一，被解释变量。企业创新是学者们长期持续研究的重要问题。目前，已有研究对企业创新的衡量方式主要分为两类：第一类衡量方式是基于创新投入的视角，采用企业的研发支出和研发投入强度对企业的创新水平进行度量。例如，Brown 等（2009）以研发支出为创新的代理变量，通过美国企业层面的数据验证了金融、创新和增长间的内在联系。第二类衡量方式是从创新产出的角度出发，主要采用专利的申请量及新产品的种类和数量作为企业创新水平的代理变量。例如，王雄元和卜落凡（2019）以专利申请量对企业创新进行衡量，从而考察了国际贸易对企业创新的积极推动作用，而王文春和荣昭（2014）、毛其淋和许家云（2014）则分别通过企业新产品的产值和销售额来对企业的创新倾向和强度进行了度量。2007 年的新会计准则中规定，原无形资产分别在"无形资产""商誉""投资性房地产"中核算，因此，新会计准则下的无形资产主要由专利权和非专利技术构成，与其他指标相比，它能够更多地反映企业创新成果信息，从而较好地衡量企业的创新产出状况。故本章借鉴王玉泽（2019）选取无形资产净额占期末总资产的比重衡量企业创新。

第二，解释变量。采用企业杠杆率变动程度（$dlev$）衡量企业去杠杆，即用上一期企业杠杆率减去当期企业杠杆率来计算，这种做法的好处是实证结果更为直观，如果 $dlev$ 的系数显著为正，则说明去杠杆的效果也为正。

第三，控制变量。本章借鉴已有文献的做法，选取以下变量控制企业层面的异质性：企业年龄（age）用观测年份与企业成立年份之差的对数值衡量，企业盈利能力（ep）用净利润增长率衡量，企业营运能力（$turn$）用流动资产周转率衡量，企业成长性（gro）用总资产增长率衡量，企业现金流（cf）用企业年报当期现金流水平衡量，企业固定资产比率（fix）用固定资产与总资产之比衡量，企业高管持股比例（exe）用高管持股数占总股本数的比重衡量。此外，还控制了企业个体固定效应和年份固定效应，分别控制个体和时间维度不可观测的因素。

7.2.2 数据说明

本章使用的原始数据主要来自国泰安 CSMAR 上市公司数据库，部分缺失数据通过 Wind 数据库、CCER 经济金融数据库进行补充。参考已有文献的做法，本章对原始数据进行了如下处理：第一，剔除样本期内上市或退市的公司；第二，剔除样本期内被 ST 等特殊处理的公司；第三，由于研究金融类上市公司的财务问题不具有代表性，剔除金融类上市公司的样本；第四，考虑到异常值对实证结果的干扰，为了保证实证结果的可靠性，剔除上市公司财务数据中不符合会计准则和基本逻辑的样本，同时对所有变量进行双边 1% 的缩尾处理。最终得到的样本为 2010—2018 年 1889 家中国 A 股非金融上市公司共计16998 个企业—年份层面的有效观测值。

从表 7-1 的统计结果可以看出，2010—2018 年中国 A 股非金融上市公司创新（ip）平均值为 0.0480，最大值为 0.3723，而最小值为 0，说明总体上样本企业长期来看创新方面表现较好，但各企业间创新的表现存在显著差异。从杠杆变动率（$dlev$）来看，最大值为 0.2752，最小值为 -0.2324，均值和中位数与 0 值差异不大，说明不同企业之间进行杠杆率调整的决策存在的差异较小。此外，其他变量的数值波动均在正态范围内，不存在明显的极端值问题，说明本章选取的样本数据有效。

表 7-1　　　　　　　　　　　描述性统计

变量	变量含义	平均值	标准差	最小值	中位数	最大值
ip	企业创新	0.0480	0.0574	0	0.0327	0.3723
$dlev$	杠杆变动率	-0.0021	0.081	-0.2324	-0.0043	0.2752
age	企业年龄	2.7709	0.4058	1.3863	2.8332	3.434
cf	企业现金流	0.0354	0.0642	-0.1773	0.0357	0.2065
ep	企业盈利能力	0.1655	1.335	-3.4602	0.1265	3.2589
$turn$	企业营运能力	1.4201	1.1039	0.1127	1.1282	6.1039
gro	企业成长性	0.2055	0.5102	-0.2948	0.096	3.9635
fix	企业固定资产比率	0.2320	0.1758	0.0015	0.1944	0.7341
exe	企业高管持股占比	8.7175	7.2479	0	10.438	19.554

7.3　实证检验

7.3.1　全样本估计

表 7 – 2 是固定效应模型对样本数据进行估计的结果。表 7 – 2 中第（1）列我们没有控制任何企业特征变量，也未控制年份和企业固定效应，杠杆变动率（*dlev*）的系数为 0.011，在 5% 的水平下显著为正；在第（2）列中，我们进一步加入所有企业层面的控制变量且控制了企业固定效应，结果一致；在第（3）列中，考虑到年份层面可能存在无法观测的因素对回归结果造成干扰，我们加入年份固定效应进行控制，杠杆变动率（*dlev*）的系数为 0.005，在 10% 的水平下显著为正。综上所述，全样本估计的结果表明，企业杠杆变动率（*dlev*）与企业创新（*ip*）显著正相关，即去杠杆显著促进了企业的创新。说明企业通过适度去杠杆，优化资本结构，保持合理的杠杆率水平，有利于促进企业创新。

表 7 – 2　　　　　　　　　　　　基本回归结果

变量	（1）	（2）	（3）
dlev	0.011 **	0.007 **	0.005 *
	(0.006)	(0.003)	(0.003)
age		0.006 ***	0.014 ***
		(0.001)	(0.003)
cf		0.013 ***	0.014 ***
		(0.005)	(0.005)
ep		− 0.001 ***	− 0.001 ***
		(0.000)	(0.000)
turn		0.005 ***	0.005 ***
		(0.001)	(0.001)
gro		− 0.001 *	− 0.001 *
		(0.001)	(0.001)
fix		0.016 ***	0.013 ***
		(0.003)	(0.003)

变量	（1）	（2）	（3）
exe		-0.000^{***}	-0.000^{***}
		（0.000）	（0.000）
constan	0.049^{***}	0.025^{***}	0.002
	（0.000）	（0.004）	（0.010）
年份固定效应	*N*	*N*	*Y*
企业固定效应	*N*	*Y*	*Y*
observations	15758	15108	15108
Adj. R^2	0.000	0.759	0.759

注：***、** 和 * 分别表示在1%、5%和10%的水平下显著；括号内为异方差调整后的稳健标准误。

7.3.2 稳健性检验

借鉴已有研究的做法（刘晓光和刘元春，2019），本章从以下几个方面进行稳健性检验：第一，采用去杠杆虚拟变量（*dumlev*）替换关键的解释变量杠杆变动率（*dlev*），当企业杠杆变动率（*dlev*）大于 -0.05 时，*dumlev* 赋值为1，否则赋值为0。表7-3第（1）列的结果显示，去杠杆虚拟变量（*dumlev*）的系数为0.001，在5%的水平下显著。第二，由于直辖市相对于其他省份在经济政策、发展环境等方面存在诸多明显优势，因此删除直辖市的样本，排除可能的干扰。我们通过提取上市公司的注册地址中包含的省份信息来识别企业所在地，从而剔除直辖市企业样本进行分析。表7-3第（2）列报告了剔除直辖市样本后的回归结果，杠杆变动率（*dlev*）的系数提高到0.006（基本回归中为0.005），在10%的水平下显著。第三，关于多维固定效应的使用，尽管控制企业固定效应通常包含了地区和行业信息，但是样本数据中仍然存在部分企业所在地及所处行业发生变化。考虑到地区和行业层面无法观测的因素可能对估计一致性产生干扰，我们在表7-3第（3）列中控制年份、行业和地区固定效应，在第（4）列中控制全部维度的固定效应，杠杆变动率（*dlev*）的回归系数均显著为正。第四，考虑到中国上市公司的数据在地区层面可能存在的自相关问题，我们在地区层面进行聚类，杠杆变动率（*dlev*）的回归系数仍显著为正。综上所述，在进行多种稳健性检验后，去杠杆显著促进了企业创新的结论基本稳健。

表 7 – 3　　　　　　　　　　稳健性检验结果

变量	（1）替换解释变量	（2）剔除直辖市样本	（3）控制行业、地区	（4）控制所有维度	（5）聚类到省份层面
dumlev	0.001 **				
	(0.001)				
dlev		0.006 *	0.010 **	0.006 **	0.008 *
		(0.003)	(0.005)	(0.003)	(0.004)
age	0.014 ***	0.011 ***	– 0.002	0.013 ***	0.014 **
	(0.003)	(0.004)	(0.001)	(0.003)	(0.005)
cf	0.014 ***	0.013 ***	0.028 ***	0.009 **	0.011 *
	(0.005)	(0.005)	(0.007)	(0.005)	(0.006)
ep	– 0.001 ***	– 0.001 ***	– 0.000	– 0.001 **	– 0.000 ***
	(0.000)	(0.000)	(0.000)	(0.000)	(0.000)
turn	0.005 ***	0.004 ***	0.007 ***	0.005 ***	0.005 ***
	(0.001)	(0.001)	(0.000)	(0.001)	(0.001)
gro	– 0.001	– 0.000	0.001	– 0.001 **	– 0.001
	(0.001)	(0.001)	(0.001)	(0.001)	(0.001)
fix	0.013 ***	0.016 ***	– 0.030 ***	0.002	0.008
	(0.003)	(0.004)	(0.003)	(0.004)	(0.009)
exe	– 0.000 ***	– 0.000 ***	– 0.000 *	– 0.000 ***	– 0.000 *
	(0.000)	(0.000)	(0.000)	(0.000)	(0.000)
constant	0.001	0.011	0.050 ***	0.005	0.003
	(0.010)	(0.010)	(0.004)	(0.010)	(0.013)
年份固定效应	*Y*	*Y*	*Y*	*Y*	*Y*
企业固定效应	*Y*	*Y*	*N*	*Y*	*Y*
行业固定效应	*N*	*N*	*Y*	*Y*	*N*
地区固定效应	*N*	*N*	*Y*	*Y*	*N*
observations	15108	13108	14238	14225	14233
Adj. R²	0.759	0.755	0.278	0.780	0.772

注：*** 、** 和 * 分别表示在 1% 、5% 和 10% 的水平下显著；括号内为异方差调整后的稳健标准误。

7.3.3 工具变量回归

本章的研究可能存在遗漏变量和反向因果等内生性问题，从而导致估计结果不一致的问题，为此我们采用工具变量两阶段最小二乘法（2SLS）重新估计去杠杆对企业创新的影响。一个合理有效的工具变量应当既满足相关性假设又满足外生性假设，即本章选择的工具变量应当与杠杆变动率（$dlev$）相关，而与企业创新（ip）无关。通常，企业层面的内生性问题只存在于企业个体层面，而不影响行业与省份层面，因此使用行业与省份层面内生变量的均值作为工具变量可以缓解内生性问题（Lin 等，2012）。行业与省份层面杠杆变动率的均值一方面能够反映整个行业的债务情况，与行业内单个企业的杠杆率变动情况相关；另一方面企业创新源于企业内部的经营活动，因此行业与省份层面的均值也是相对外生的，所以满足了工具变量的相关性假设和外生性假设。基于以上分析，本章选取企业所在行业与省份层面的杠杆变动率均值（$dlevproind$）作为工具变量进行两阶段最小二乘法（2SLS）回归。表 7 - 4 的第（1）列和第（2）列分别报告了第一阶段和第二阶段的回归结果。从工具变量有效性的检验结果来看，第一阶段回归中行业与省份层面杠杆变动率均值（$dlevproind$）的系数为正且在 1% 水平下显著，并且 Chi^2 统计量表明工具变量通过了识别不足检验。第一阶段的 F 值为 4753.794，远高于弱工具变量检验 16.38 的临界值，说明本章的工具变量是合理有效的（Stock 和 Yogo，2005）。第二阶段回归结果显示，企业杠杆变动率（$dlev$）的系数在 1% 的水平下显著为正，说明在使用工具变量克服可能存在的内生性问题后，企业杠杆变动率（$dlev$）与企业创新（ip）仍然显著正相关，与前文的结论一致。

表 7 - 4　　　　　　　　　　工具变量 2SLS 回归结果

变量	(1)	(2)
	第一阶段	第二阶段
	$dlev$	ip
$dlev$		0.020 ***
		(0.006)
$dlevproind$	0.981 ***	
	(0.014)	

变量	（1）	（2）
	第一阶段	第二阶段
	dlev	*ip*
age	0. 015 *	0. 012 ***
	（0. 009）	（0. 003）
cf	0. 098 ***	0. 011 **
	（0. 011）	（0. 005）
ep	0. 006 ***	− 0. 001 ***
	（0. 000）	（0. 000）
turn	− 0. 004 ***	0. 005 ***
	（0. 001）	（0. 001）
gro	− 0. 004 ***	− 0. 001
	（0. 001）	（0. 001）
fix	− 0. 006	0. 016 ***
	（0. 009）	（0. 003）
exe	− 0. 000	− 0. 000 ***
	（0. 000）	（0. 000）
年份固定效应	Y	Y
企业固定效应	Y	Y
Chi²	3520. 549 ***	
Cragg − Donald Wald F	4753. 794 ***	
observations	15375	15370

注：1. *Chi²* 为工具变量识别不足检验统计量；*F* 为弱工具变量检验统计量。

2. ***、** 和 * 分别表示在 1%、5% 和 10% 的水平下显著；括号内为异方差调整后的稳健标准误。

7.4　进一步检验

7.4.1　异质性检验

以上对去杠杆如何影响企业创新进行了基本分析，但是去杠杆对企业创新的影响也可能由于企业其他因素的不同，呈现异质性特征。本部分通过以下方面进行分组回归，进一步讨论可能存在的异质性影响：第一，企业规模异质性。我们以企业所在行业总资产的平均水平作为参照，将样本划分为大型企业和小型企业。第二，行业异质性，根据《产业结构调整指导目录（2011年版）》，将限制、引导和淘汰类行业划分为产能过剩行业，其他行业则划分为非产能过剩行业。第三，所有制异质性。按照国泰安 CSMAR 数据库中实际控制人性质来识别是否为国有企业，将全样本分为国有企业和非国有企业两组。表 7-5 分别报告了分组回归的结果。统计结果显示：大型企业杠杆变动率（$dlev$）的系数为 0.008，在 1% 的水平下显著，小型企业杠杆变动率（$dlev$）的系数为 -0.004，但不显著，说明相比于小型企业，去杠杆对创新的促进效果于大型企业可能更加显著；产能过剩行业企业杠杆变动率（$dlev$）的系数为 0.029 且显著为正，但非产能过剩行业系数不显著，说明相比于非产能过剩行业，产能过剩行业的去杠杆效果更好；国有企业杠杆变动率（$dlev$）的系数为 0.012，非国有企业杠杆变动率（$dlev$）的系数显著为负，说明相对于非国有企业，国有企业的去杠杆效果可能更好。

表 7-5　　　　　　　　　　　异质性检验结果

变量	(1) 大型企业	(2) 小型企业	(3) 产能过剩行业	(4) 非产能过剩行业	(5) 国有企业	(6) 非国有企业
$dlev$	0.008 *** (0.003)	-0.004 (0.005)	0.029 *** (0.011)	0.001 (0.003)	0.012 *** (0.004)	-0.000 (0.004)
age	-0.004 (0.004)	0.030 *** (0.007)	0.052 *** (0.018)	0.011 *** (0.003)	0.018 *** (0.006)	0.012 *** (0.004)
cf	-0.001 (0.005)	0.027 *** (0.007)	0.026 (0.016)	0.012 *** (0.005)	0.014 ** (0.006)	0.013 ** (0.007)
ep	-0.000 ** (0.000)	-0.000 (0.000)	-0.000 (0.001)	-0.001 *** (0.000)	-0.001 *** (0.000)	-0.001 ** (0.000)
$turn$	0.004 *** (0.001)	0.005 *** (0.001)	0.006 *** (0.001)	0.004 *** (0.001)	0.005 *** (0.001)	0.005 *** (0.001)
gro	-0.001 * (0.001)	-0.001 (0.001)	0.004 ** (0.002)	-0.001 * (0.001)	0.002 ** (0.001)	-0.002 *** (0.001)
fix	0.012 *** (0.004)	0.039 *** (0.006)	-0.052 *** (0.010)	0.026 *** (0.004)	0.011 ** (0.005)	0.018 *** (0.005)

续表

变量	（1）	（2）	（3）	（4）	（5）	（6）
	大型企业	小型企业	产能过剩行业	非产能过剩行业	国有企业	非国有企业
exe	0.000	− 0.000 *	0.000 *	− 0.000 ***	− 0.000	− 0.000 ***
	(0.000)	(0.000)	(0.000)	(0.000)	(0.000)	(0.000)
constant	0.049 ***	− 0.046 **	− 0.086 *	0.008	− 0.014	0.006
	(0.013)	(0.018)	(0.052)	(0.010)	(0.019)	(0.012)
年份固定效应	Y	Y	Y	Y	Y	Y
企业固定效应	Y	Y	Y	Y	Y	Y
observations	8001	5592	1598	13772	7438	7932
Adj. R²	0.873	0.753	0.816	0.747	0.825	0.667

7.4.2　影响机制检验

　　分析表明，通过去杠杆确实能够显著促进企业的创新，那么降低杠杆率水平通过何种机制影响企业创新？根据理论分析部分提出的影响渠道，本部分从财务费用和管理效率两个方面实证检验去杠杆促进企业创新的影响机制。

　　第一，财务费用（*fin*）。用企业财务费用支出与主营业务收入之比衡量。第二，管理效率（*manage*）。借鉴孙浦阳等（2018）的做法，以控制企业规模、成本加成后的管理费用残差值衡量各个企业的管理效率，由于使用此种方法计算得出的管理效率值越大，表明管理效率越低，因此本章对其进行了正负变换处理。借鉴温忠麟和叶宝娟（2014）提出的中介效应分析方法，采用逐步回归法检验中介效应。将以上中介变量代入模型中估计，回归结果如表7-6所示。

　　根据中介效应检验的依次检验法可知，管理费用和财务风险的中介效应均显著存在。表7-6列（1）中企业杠杆变动率（*dlev*）的系数为-0.021，在1%的水平下显著，说明去杠杆显著降低了企业管理费用，而列（2）中财务费用（*fin*）的系数在1%的水平下显著为负，表明去杠杆通过降低管理费用提升企业创新水平。同理，表7-6列（3）中企业杠杆变动率（*dlev*）的系数显著为正，说明去杠杆显著提高了企业的管理效率，而列（4）中管理效率（*manage*）的系数在1%的水平下显著，表明去杠杆通过提高企业管理效率从而促进企业创新能力提升。为了保证中介效应检验结果的稳健性，我们对财务费用（*fin*）和管理效率（*manage*）两个中介变量分别进行了 *Sobel* 检验，中介效应依然显著。

表 7 - 6　　　　　　　　　　　影响机制检验结果

变量	（1）	（2）	（3）	（4）
	财务费用		管理效率	
	fin	*ip*	*manage*	*ip*
dlev	- 0. 021 ***	0. 006 *	0. 055 *	0. 006 **
	(0. 008)	(0. 003)	(0. 028)	(0. 003)
fin		- 0. 010 ***		
		(0. 003)		
manage				0. 009 ***
				(0. 001)
age	0. 022 **	0. 014 ***	- 0. 541 ***	0. 010 ***
	(0. 009)	(0. 003)	(0. 033)	(0. 004)
cf	- 0. 075 ***	0. 015 ***	- 0. 002	0. 014 ***
	(0. 012)	(0. 005)	(0. 043)	(0. 005)
ep	- 0. 002 ***	- 0. 001 ***	0. 012 ***	- 0. 000 **
	(0. 000)	(0. 000)	(0. 002)	(0. 000)
turn	- 0. 006 ***	0. 005 ***	- 0. 007	0. 004 ***
	(0. 001)	(0. 001)	(0. 005)	(0. 001)
gro	- 0. 001	- 0. 001 *	- 0. 041 ***	- 0. 001 **
	(0. 001)	(0. 001)	(0. 005)	(0. 001)
fix	0. 054 ***	0. 012 ***	0. 047	0. 015 ***
	(0. 009)	(0. 003)	(0. 033)	(0. 003)
exe	0. 000	- 0. 000 ***	- 0. 008 ***	- 0. 000 ***
	(0. 000)	(0. 000)	(0. 001)	(0. 000)
constant	- 0. 043 *	0. 002	1. 594 ***	0. 015
	(0. 025)	(0. 010)	(0. 092)	(0. 010)
observations	15108	15108	14815	14815
Adj. R^2	0. 331	0. 759	0. 801	0. 762

注：*** 、** 和 * 分别表示在 1%、5% 和 10% 的水平下显著；括号内为异方差调整后的稳健标准误。

7.4.3　门槛效应检验

本书的理论部分从适度去杠杆的促进作用和过度去杠杆的抑制作用两方面说明去杠杆对企业高质量发展可能存在非线性影响。同时，根据最优资本结构理论，企业杠杆率存在一个适度水平。因此，本章利用 Hansen（1999）提出面板门槛回归方法考察去杠杆对企业创新的非线性影响。模型设定如下：

$$IP_{ft} = \alpha_1 + \beta_1 dlev_{ft} I(Q_{ft} < \pi_1) + \beta_2 dlev_{ft} I(\pi_1 \leqslant Q_{ft} < \pi_2)$$
$$+ \beta_3 dlev_{ft} I(Q_{ft} \geqslant \pi_2) + \lambda_1 X_{ft} + \theta_f + \gamma_t + \mu_{ft}$$
（7.2）

其中，$I(*)$ 为示性函数；Q_{ft} 为门槛变量，即企业杠杆变动率（$dlev$）；π 为待估计的门槛值；被解释变量 IP_{ft} 代表企业 f 第 t 年的全要素生产率；$dlev_{ft}$ 为企业 f 第 t 年杠杆率的变动程度；X_{ft} 为企业层面的控制变量集；θ_f 和 γ_t 分别代表企业固定效应和年份固定效应；α 为常数项；μ_{ft} 为随机误差项。

根据 Wang（2015）的做法，首先利用 Stata16 进行面板阈值效应检验，依次检验单一门槛、双重门槛和三重门槛模型。检验结果如表 7-7 所示，双重门槛模型的 F 值为 14.43，高于 10% 临界值水平，显著拒绝了单一门槛的原假设。图 7-1 报告了双重门槛模型的 LR 分布图，虚线为似然估计 LR 的临界值，得到两个门槛值分别为 0.019 和 0.135，95% 的置信区间分别为 ［0.0194，0.0205］ 和 ［0.1293，0.1427］。综上所述，采用双重门槛模型进行估计。

表 7-7　　　　　　　　　　门槛效应检验

门槛类型	F	Prob	10% 临界值	5% 临界值	1% 临界值
单一门槛	15.82	0.003	7.4538	9.2704	14.2724
双重门槛	14.43	0.0411	10.4686	13.6243	16.399
三重门槛	2.35	0.9562	11.6662	13.9826	18.3696

注：检验结果由 Stata16 软件计算所得；Bootstrap 抽样次数为 300 次。

表 7-8 报告了门槛回归的估计结果，列（1）的基本回归结果作为对照，列（2）为双重门槛回归结果。统计结果显示，去杠杆对企业创新的影响存在显著的门槛效应。当企业当年去杠杆水平低于 1.9% 时，去杠杆对企业创新的影响显著为负。而当企业去杠杆水平高于门槛值 1.9% 时，去杠杆对企业创新的影响由负转正，且在 5% 的水平下显著。当企业去杠杆水平高于下一个门槛值 13.5% 时，$dlev$ 的系数从 0.027 降低到 0.001。以上分析表明，去杠杆与企

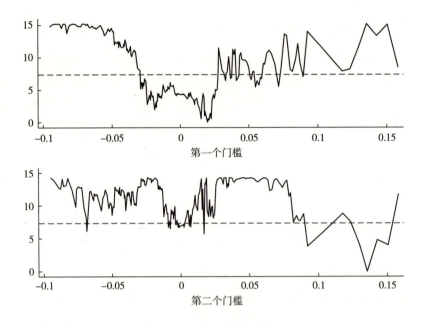

第一个门槛

第二个门槛

图 7 - 1 门槛效应检验 LR 分布

业创新存在非线性关系，最优资本结构理论也得到印证，企业同年度去杠杆水平保持在 [1.9%，13.5%] 的适度区间才能有效发挥去杠杆对企业创新水平的促进作用。

表 7 - 8   门槛模型回归结果

变量	(1)	(2)
	基本回归	门槛回归
$dlev$	0.005 *	
	(0.003)	
$dlev$（$Q_{fi} < 0.019$）		- 0.012 **
		(0.005)
$dlev$（$0.019 \leqslant Q_{fi} < 0.135$）		0.027 **
		(0.011)
$dlev$（$Q_{fi} \geqslant 0.135$）		0.001
		(0.009)
age	0.014 ***	0.012 ***
	(0.003)	(0.005)

续表

变量	(1)	(2)
	基本回归	门槛回归
cf	0.014 ***	0.014 **
	(0.005)	(0.006)
ep	−0.001 ***	−0.001 ***
	(0.000)	(0.000)
turn	0.005 ***	0.007 ***
	(0.001)	(0.001)
gro	−0.001 *	−0.002 **
	(0.001)	(0.001)
fix	0.013 ***	0.022 ***
	(0.003)	(0.005)
exe	−0.000 ***	0.000
	(0.000)	(0.000)
constant	0.002	−0.007
	(0.010)	(0.014)
企业固定效应	Y	Y
年份固定效应	Y	Y
observations	15108	6064
R^2	0.759	0.047

注：1. 由于估计门槛回归模型要求平衡面板数据，因此损失了部分样本。

2. *** 、** 和 * 分别表示在 1%、5% 和 10% 的水平下显著；括号内为异方差调整后的稳健标准误。

本章小结

　　本章选取 2010—2018 年中国 A 股非金融上市公司作为样本，构建微观企业层面的去杠杆变量，实证检验了去杠杆对企业创新的影响。研究发现，去杠杆对企业创新具有显著且稳健的促进作用。异质性研究发现，去杠杆的效果并非适用于所有类型的企业，大型企业、产能过剩行业的企业及国有企业中，去杠杆能够有效促进企业创新水平的提升，对于小型企业、非产能过剩企业和非国有企业而言，去杠杆效应并不显著；影响机制检验表明，去杠杆主要通过降低财务费用和提高管理效率两个方面促进企业的创新；门槛效应检验发现，去杠杆对企业创新的影响存在双重门槛。企业同年度去杠杆水平保持在［1.9%，13.5%］有利于企业创新，超出门槛范围的过度去杠杆无法发挥促进作用。

第8章 去杠杆对企业高质量发展的影响

——基于企业可持续发展的研究

8.1 问题的提出

自工业革命以来，不断革新的生产技术一方面改善了人们的生产方式和生活水平，另一方面也造成了一系列社会经济问题，人类社会逐渐面临人口过载、环境恶化、资源短缺等问题，可持续发展理念逐步成为全球共识。早在1996年，可持续发展就被作为战略目标写入中国的"九五"计划。随着现代化进程的不断推进，可持续发展理念对促进中国经济和社会的全面发展越发重要。众所周知，企业是各种经济活动的载体，是经济增长、社会进步的中坚力量，保持微观企业的可持续发展能够为宏观经济持续增长注入无限活力。企业的可持续发展是指一个企业既要在短期获取高额利润，提高市场占有率，又要在长期保持领先地位，实现业绩汇报的可持续性（Edward Freeman 和 Evan，1990）。因此，实现企业可持续发展是一个短期目标和长期目标相结合的综合目标，对企业经营管理、风险控制、创新研发等各方面均提出了要求。

后金融危机时代，中国政府实施经济刺激政策，中国实体经济杠杆率经历了大幅提高的阶段。2015年中国非金融企业部门杠杆率为131.20%（李扬等，2016），远超国际标准90%的警戒线水平。2017年中国非金融企业债务达到132.38万亿元，是中国当年GDP的1.6倍，远高于发达国家水平（綦好东等，2018）。高杠杆率使资本泡沫逐渐膨胀，非金融企业的债务风险问题成为影响中国经济社会持续健康发展的潜在威胁。2015年12月中央经济工作会议提出供给侧结构性改革，将去杠杆列为首要任务。党的十九大报告也指出要进一步推进去杠杆工作。当前，中国非金融企业的高杠杆问题提高了企业的经营风险，严重制约了企业的可持续发展。由此引出本章关注的重要问题：去杠杆对非金融企业可持续发展的政策效果如何；去杠杆政策效应的具体影响渠道是什么；去杠杆的政策效应是否存在异质性；进一步，根据最优资本结构理论，去杠杆与企业可持续发展之间的非线性关系是否成立；去杠杆是否也存在一个适度区间。

基于此，本章基于 2010—2018 年中国 A 股非金融上市公司的面板数据，实证分析去杠杆对企业可持续发展的影响效应，并区分企业规模、企业所有制以及企业所在地，考察去杠杆对企业可持续发展的异质性影响。进一步地，本章首次检验了去杠杆影响企业可持续发展的门槛效应，讨论去杠杆的适度区间。相比于已有文献，本章的边际贡献如下：第一，本章实证检验了去杠杆对企业可持续发展的影响，为从微观领域评估去杠杆的政策效应提供了新的经验证据。第二，考察去杠杆对企业可持续发展的影响渠道，发现去杠杆通过降低管理费用和财务风险促进企业的可持续发展，为研究去杠杆如何影响企业表现提供了新的思路。第三，首次考察并发现去杠杆的门槛效应，即去杠杆存在适度区间，超过适度区间，去杠杆的效果就会减弱或者适得其反。第四，本章的结论引申出的政策建议，对中国调整去杠杆政策、引导企业合理去杠杆从而防范和化解高杠杆的债务危机，提供了重要的政策参考。

本章余下部分的安排如下：第二部分为研究设计，包括样本数据和变量的说明、关键变量的测度以及回归模型的设定；第三部分报告变量的描述性统计、总体回归结果、稳健性检验和内生性讨论结果；第四部分进一步讨论分样本回归结果、影响渠道和门槛效应；最后为本章小结。

8.2　研究设计

8.2.1　数据的来源与处理

本章使用的原始数据主要来源于国泰安 CSMAR 上市公司数据库，数据来源的一致性使数据质量得到保证。由于本书主要考察 2015 年去杠杆的政策效果，因此选择 2010—2018 年的样本数据。主要数据处理如下：第一，剔除样本期间上市或退市的公司；第二，剔除样本期内特殊警示的公司；第三，剔除金融类上市公司；第四，剔除上市公司财务数据中不符合会计准则和基本逻辑的样本，同时对所有变量进行双边 1% 的缩尾处理。最终样本为企业—年份维度 14839 个有效观测值，共 1649 家中国 A 股非金融上市公司。

8.2.2　模型设定与变量选取

为了检验去杠杆对企业可持续发展的影响，本章设定以下计量模型：

$$sus_{ft} = \alpha + \beta dlev_{ft} + \lambda X_{ft} + \theta_f + \gamma_t + \mu_{ft} \tag{8.1}$$

其中，sus_{ft} 是可持续发展能力；$dlev_{ft}$ 为企业 f 第 t 年杠杆率的变动程度；X_{ft} 包含了所有企业层面的控制变量，包括企业规模、企业抵押能力、流动比率、资本密集度、产权比率、独立董事比率以及企业年龄；θ_f 和 γ_t 分别控制企业和年份层面的扰动；α 为常数项；μ_{ft} 为随机误差项。

变量选取：第一，因变量。采用基于范霍恩可持续增长模型的参数估计结果。第二，去杠杆变量。采用杠杆率的变动程度（$dlev$），用上一期杠杆率减当期杠杆率衡量，其中杠杆率为企业资产负债率。第三，控制变量。本章借鉴已有文献的做法（綦好东等，2018；钟凯等，2016），选取以下变量控制企业层面的异质性：企业规模（$size$），用企业年末总资产的对数值衡量；企业抵押能力（$mort$），用固定资产与存货之和比总资产衡量；流动比率（liq），用流动资产比流动负债衡量；资本密集度（cap），用企业固定资产总额比员工人数衡量；产权比率（equ），用总负债比所有者权益衡量；独立董事比率（$indr$），用独立董事占董事会总人数比重衡量；企业年龄（age），用企业成立年份的对数值衡量。

8.3　全样本回归

8.3.1　描述性统计

从表 8-1 的统计结果来看，2010—2018 年中国 A 股上市公司可持续发展能力（sus）的平均值为 0.0743，最大值为 0.4096，而最小值为负值，说明样本企业长期来看具有可持续发展潜力，但各企业间的可持续发展能力存在显著差异。从杠杆变动率（$dlev$）来看，最大值为 0.6960，最小值为 -0.8058，均值和中位数均在 0 值附近，说明不同企业之间进行杠杆率调整的决策存在较大差异。此外，其他变量的数值波动均在正态范围内，不存在明显的极端值问题，说明本章选取的样本数据有效。

表 8 - 1 变量描述性统计

变量	变量含义	样本量	平均值	标准差	最小值	中位数	最大值
sus	可持续发展能力	14839	0.0743	0.0731	- 0.0177	0.0551	0.4096
dlev	杠杆变动率	12084	- 0.0037	0.0793	- 0.8058	- 0.0027	0.6960
size	企业规模	14839	22.3155	1.3187	19.5175	22.1588	26.1395
sizesq	企业规模的平方	14839	499.7191	59.9056	380.9319	491.0128	683.2725
mort	抵押能力	14796	0.3864	0.1855	0.0246	0.3758	0.8191
liq	流动比率	14839	2.3524	2.6228	0.2681	1.5610	17.4545
cap	资本密集度	14828	0.5924	1.0263	0.0122	0.2747	6.9456
equ	产权比率	14839	1.2218	1.3386	0.0522	0.8162	9.4069
indr	独立董事比率	14809	0.3717	0.0527	0.3333	0.3333	0.5714
age	企业年龄	14839	2.7878	0.4023	1.3863	2.8904	3.4340

资料来源：笔者自行整理。

8.3.2 总样本回归结果

表 8 - 2 为总样本的回归结果。在第（1）列中，我们没有控制任何企业特征变量，仅控制了企业固定效应，杠杆变动率（dlev）的系数为 0.021，在 5% 的水平下显著为正；在第（2）列中，我们加入全部的控制变量，实证结论不变；在第（3）列中，考虑到年份层面可能存在的无法观测的因素对回归结果的干扰，我们加入年份固定效应进行控制，杠杆变动率（dlev）的系数为 0.063，仍在 1% 的水平下显著为正。基本回归的结果表明，企业杠杆变动率（dlev）与企业可持续发展能力（sus）显著正相关，即去杠杆显著提高了企业的可持续发展能力。这一结论是符合逻辑的，适当去杠杆，保持合适的杠杆率水平，有利于企业长期的可持续发展。

表 8 - 2 基本回归结果

变量	（1）	（2）	（3）
dlev	0.021 **	0.059 ***	0.063 ***
	(0.009)	(0.010)	(0.010)

变量	(1)	(2)	(3)
size		0.236 ***	0.247 ***
		(0.026)	(0.027)
sizesq		− 0.005 ***	− 0.006 ***
		(0.001)	(0.001)
mort		− 0.055 ***	− 0.053 ***
		(0.008)	(0.008)
liq		− 0.003 ***	− 0.003 ***
		(0.000)	(0.000)
cap		0.004 ***	0.004 **
		(0.002)	(0.002)
equ		0.011 ***	0.011 ***
		(0.001)	(0.002)
indr		0.014	0.020
		(0.018)	(0.018)
age		− 0.042 ***	0.000
		(0.004)	(0.008)
constant	0.073 ***	− 2.413 ***	− 2.667 ***
	(0.001)	(0.296)	(0.296)
年份固定效应	*N*	*N*	*Y*
企业固定效应	*Y*	*Y*	*Y*
observations	12049	12001	12001
Adj. R²	0.375	0.400	0.410

注：***、** 和 * 分别表示在 1%、5% 和 10% 的水平下显著；括号内为异方差调整后的稳健标准误。

8.3.3　稳健性与内生性讨论

首先，本书从以下几个方面考虑实证结果的稳健性问题：第一，用去杠杆虚拟变量（*dumlev*）替换关键的解释变量杠杆变动率（*dlev*），当企业杠杆变动率（*dlev*）大于 0 时，*dumlev* 赋值为 1，否则赋值为 0。表 8 - 3 第（1）列的结果显示，去杠杆虚拟变量（*dumlev*）的系数为 0.010，且通过了 1% 的显著性检验。第二，由于直辖市相对于其他省份在经济政策、发展环境等方面存在诸多优势，因此删除直辖市的样本，排除可能的干扰。我们通过提取上市公司注册地址中包含的省份信息来识别企业所在地。表8-3第（2）列报告了剔除直辖市样本后的回归结果。杠杆变动率（*dlev*）的系数提高到0.073（基本回归中为0.063），在1%的水平下显著。第三，考虑到地区、行业层面可能存在的遗漏变量，我们在表8-3第（3）列中控制年份、行业和地区固定效应，在第（4）列中控制全部维度的固定效应，杠杆变动率（*dlev*）的回归系数均显著为正。第四，考虑到中国上市公司的数据在地区层面可能存在的自相关问题，我们在地区层面进行聚类，杠杆变动率（*dlev*）的回归系数仍显著为正。综上所述，在进行多种稳健性检验后，去杠杆显著提高了企业的可持续发展能力的结论基本稳健。

表8-3 稳健性检验结果

变量	（1）更换解释变量	（2）剔除直辖市样本	（3）控制行业地区	（4）控制所有维度	（5）地区层面聚类
dumlev	0.010 *** (0.001)				
dlev		0.073 *** (0.011)	0.069 *** (0.011)	0.063 *** (0.010)	0.063 *** (0.010)
size	0.260 *** (0.026)	0.248 *** (0.031)	0.058 *** (0.014)	0.248 *** (0.027)	0.248 *** (0.029)
sizesq	-0.006 *** (0.001)	-0.006 *** (0.001)	-0.001 *** (0.000)	-0.006 *** (0.001)	-0.006 *** (0.001)
mortgage	-0.050 *** (0.007)	-0.046 *** (0.009)	-0.044 *** (0.005)	-0.053 *** (0.008)	-0.053 *** (0.009)
liquidity	-0.003 *** (0.000)	-0.003 *** (0.000)	-0.002 *** (0.000)	-0.003 *** (0.000)	-0.003 *** (0.000)
capital	0.004 *** (0.001)	0.004 * (0.002)	-0.002 *** (0.001)	0.004 ** (0.002)	0.004 ** (0.002)
equity	0.009 *** (0.001)	0.011 *** (0.002)	0.009 *** (0.001)	0.011 *** (0.002)	0.011 *** (0.001)
indr	0.023 (0.017)	0.019 (0.021)	-0.002 (0.012)	0.020 (0.018)	0.020 (0.021)

续表

变量	(1) 更换解释变量	(2) 剔除直辖市样本	(3) 控制行业地区	(4) 控制所有维度	(5) 地区层面聚类
age	0.006	0.001	0.007 ***	0.000	0.000
	(0.007)	(0.009)	(0.002)	(0.008)	(0.013)
constant	−2.819 ***	−2.695 ***	−0.644 ***	−2.680 ***	−2.680 ***
	(0.288)	(0.342)	(0.158)	(0.296)	(0.326)
年份固定效应	Y	Y	Y	Y	Y
企业固定效应	Y	Y	N	Y	Y
行业固定效应	N	N	Y	Y	N
地区固定效应	N	N	Y	Y	N
observations	14751	9300	12028	11993	11993
Adj. R²	0.369	0.393	0.097	0.410	0.410

注： *** 、 ** 和 * 分别表示在 1%、5% 和 10% 的水平下显著；括号内为异方差调整后的稳健标准误。

　　其次，本章的研究可能存在遗漏变量和反向因果等内生性问题，从而导致估计结果不一致的问题，为此我们采用工具变量两阶段最小二乘法（2SLS）重新估计去杠杆对企业的可持续发展能力的影响。一个合理有效的工具变量应当既满足相关性假设又满足外生性假设，即本章选择的工具变量应当与杠杆变动率（*dlev*）相关，而与企业可持续发展能力（*sus*）无关。通常，企业层面的内生性问题只存在于企业个体层面，而不影响行业和地区层面，因此使用行业或地区层面内生变量的均值作为工具变量可以缓解内生性问题（Lin 等，2012）。行业层面的杠杆变动率的均值一方面能够反映整个行业的债务情况，与行业内单个企业的杠杆率变动情况相关；另一方面企业的可持续发展源于企业内部的经营决策，因此行业层面的均值也是相对外生的。基于以上分析，本章选取企业所在行业层面的杠杆变动率（*dlev*）作为工具变量，利用两阶段最小二乘法（2SLS）进行内生性问题讨论。表 8 - 4 汇报了回归结果，从工具变量有效性的检验结果来看，第一阶段回归中行业层面杠杆变动率（*dlevind*）的系数为正且在 1% 水平下显著，*Chi²* 统计量表明工具变量通过了识别不足检验，而第一阶段的 *F* 值分别为 469.955 和 284.684，远高于弱工具变量检验 16.38 的临界值，说明本章的工具变量有效（Stock 和 Yogo，2005）。第二阶段回归结果显示，企业杠杆变动率（$dlev$）的系数在1%的水平下显著为正，说明在使用工具变量克服可能存在的内生性问题后，企业杠杆变动率（$dlev$）与企业可持续发展能力（sus）仍然显著正相关。

表 8 - 4　　　　　　　　　　**工具变量 2SLS 回归结果**

变量	（1）	（2）
	第一阶段	第二阶段
$dlevind$	0.890 ***	
	（0.053）	
$dlev$		0.182 ***
		（0.038）
$size$	− 0.227 ***	0.277 ***
	（0.045）	（0.038）
$sizesq$	0.005 ***	− 0.006 ***
	（0.001）	（0.001）
$mortgage$	0.007	− 0.053 ***
	（0.127）	（0.010）
$liquidity$	0.008 ***	− 0.004 ***
	（0.001）	（0.001）
$capital$	0.003	0.003
	（0.002）	（0.002）
$equity$	0.032 ***	0.015 ***
	（0.002）	（0.002）
$indr$	0.020	0.017
	（0.024）	（0.020）
age	0.099 ***	− 0.013
	（0.013）	（0.011）
年份固定效应	Y	Y
企业固定效应	Y	Y
Chi^2	164. 103 ***	
$Cragg - Donald\ Wald\ F$	469. 955 ***	
$Kleibergen - Paap\ rk\ Wald\ F$	284. 684 ***	
$observations$	12001	12001

注：1. Chi^2 为工具变量识别不足检验统计量；F 为弱工具变量检验统计量。

　2. *** 、** 和 * 分别表示在1%、5%和10%的水平下显著；括号内为异方差调整后的稳健标准误。

8.4 进一步讨论

8.4.1 分样本回归

以上对去杠杆影响企业可持续发展能力进行了基本分析,但是去杠杆对企业可持续发展能力的影响可能由于企业其他因素的不同,呈现异质性特征。本部分通过以下三个方面进行分组回归,进一步讨论可能存在的异质性影响:第一,企业规模异质性。由于不同行业企业规模的平均水平存在差异,因此,我们以企业所在行业总资产的平均水平作为参照,总资产在行业内前30%和后30%的企业分别划分为大型企业和小型企业。第二,所有制异质性。国泰安CSMAR 数据库提供了上市公司实际控制人的相关信息,根据实际控制人的不同将全样本分为国有企业和非国有企业两组。第三,地区异质性。按照注册地址所在省份的信息,将样本企业划分为东部、中部、西部三组。表 8–5 分别报告了分组回归的结果,杠杆变动率($dlev$)的系数在所有分组回归中均显著为正。

由于回归系数的符号相同且均统计显著,因此,组间回归系数的置信区间可能存在重合区域,从而使分组回归系数不可直接进行比较。为了进一步考察异质性影响是否显著,借鉴张弛等(2020)的做法,运用似无相关模型进行组间系数的差异性检验,表 8–5 各列中给出了组间系数检验统计量 Chi^2 值。

统计结果显示,大型企业和小型企业杠杆变动率($dlev$)的系数分别为0.053 和 0.128,分组系数检验的 Chi^2 值为 5.57,在 5% 的水平下显著,说明相比大型企业,小型企业去杠杆对可持续发展能力的提升效果更显著;国有企业和非国有企业杠杆变动率($dlev$)的系数分别为 0.111 和 0.034,Chi^2 值为18.15 且在 1% 的水平下显著,说明国有企业的去杠杆效果相对更好;而区分东部、中部、西部分组系数检验中,仅东部对比中部的 Chi^2 值显著,东部地区和中部地区企业的杠杆变动率($dlev$)的系数分别为 0.051 和 0.100,说明去杠杆对中部地区企业可持续发展能力促进作用更显著。

表 8 - 5 分组回归结果

变量	（1）大型企业	（2）小型企业	（3）国有企业	（4）非国有企业	（5）东部	（6）中部	（7）西部
dlev	0.053 ***	0.128 ***	0.111 ***	0.034 ***	0.051 ***	0.100 ***	0.069 **
	(0.014)	(0.021)	(0.015)	(0.012)	(0.011)	(0.024)	(0.029)
size	0.205 ***	0.413 *	0.135 ***	0.283 ***	0.265 ***	0.232 ***	0.141 *
	(0.073)	(0.212)	(0.042)	(0.036)	(0.030)	(0.079)	(0.076)
sizesq	-0.005 ***	-0.010 *	-0.003 ***	-0.006 ***	-0.006 ***	-0.005 ***	-0.003 *
	(0.002)	(0.005)	(0.001)	(0.001)	(0.001)	(0.002)	(0.002)
mort	-0.061 ***	-0.060 ***	-0.046 ***	-0.057 ***	-0.066 ***	-0.006	-0.045 *
	(0.015)	(0.019)	(0.012)	(0.011)	(0.009)	(0.020)	(0.023)
liq	-0.004 ***	-0.003 ***	-0.003 ***	-0.002 ***	-0.002 ***	-0.005 ***	-0.002 *
	(0.001)	(0.001)	(0.001)	(0.000)	(0.000)	(0.001)	(0.001)
cap	0.005 **	0.001	0.003	0.005 **	0.003	-0.000	0.006 *
	(0.003)	(0.002)	(0.002)	(0.002)	(0.002)	(0.005)	(0.004)
equ	0.009 ***	0.021 ***	0.011 ***	0.012 ***	0.010 ***	0.008 **	0.017 ***
	(0.002)	(0.006)	(0.002)	(0.002)	(0.002)	(0.004)	(0.004)
indr	0.038	-0.001	0.021	0.011	0.028	-0.027	0.014
	(0.030)	(0.038)	(0.025)	(0.025)	(0.021)	(0.041)	(0.049)
age	-0.037 **	0.029	-0.017	0.003	-0.014 *	0.012	0.123 ***
	(0.017)	(0.018)	(0.015)	(0.010)	(0.008)	(0.021)	(0.041)
constant	-1.969 **	-4.401 **	-1.295 ***	-3.120 ***	-2.847 ***	-2.523 ***	-1.844 **
	(0.856)	(2.227)	(0.480)	(0.400)	(0.336)	(0.866)	(0.866)
年份固定效应	Y	Y	Y	Y	Y	Y	Y
企业固定效应	Y	Y	Y	Y	Y	Y	Y
Chi^2	5.57 **	18.15 ***			3.53 *	0.20	0.91
observations	5109	3007	5790	6211	8338	2016	1647
Adj. R^2	0.456	0.498	0.426	0.403	0.434	0.360	0.377

注：1. 列（5）、列（6）、列（7）的 Chi^2 值分别对应为东部对中部、东部对西部和中部对西部的分组系数检验。

2. ***、** 和 * 分别表示在 1%、5% 和 10% 的水平下显著；括号内为异方差调整后的稳健标准误。

8.4.2　影响渠道

之前的分析表明，企业通过去杠杆能够显著提升可持续发展能力，那么降低杠杆率水平是通过何种影响机制促进企业可持续发展能力提升的？根据本书的理论分析，本部分从管理费用和财务风险两个方面实证检验去杠杆促进企业可持续发展的影响机制。中介变量的衡量。第一，管理费用（manage）。用企业管理费用和主营业务收入之比衡量。第二，财务风险（z_ score）。借鉴Mackie - Mason（1990）的做法，用 Altman - Z 值来衡量，Z 值越高代表企业的财务风险越低。

参照中介效应分析采用的逐步回归法（温忠麟和叶宝娟（2014）），将以上中介变量代入中介效应模型中估计，回归结果如表 8 - 6 所示。根据中介效应检验的依次检验法可知，管理费用和财务风险的中介效应均显著存在。表 8 - 6 列（2）中企业杠杆变动率（dlev）的系数为 - 0.012，在 5% 的水平下显著，说明去杠杆显著降低了企业管理费用，而列（3）中管理费用（manage）的系数在 1% 的水平下显著为负，表明去杠杆通过降低管理费用提升企业可持续发展能力。同理，表 8 - 6 列（4）中企业杠杆变动率（dlev）的系数为 3.135，在 5% 的水平下显著，说明去杠杆显著降低了企业财务风险，而列（5）中财务风险（z_ score）的系数在 1% 的水平下显著为正，表明去杠杆通过降低财务风险促进企业可持续发展能力提升。为了保证中介效应检验结果的稳健性，我们对管理费用（manage）和财务风险（z_ score）两个中介变量分别进行了 Sobel 检验，中介效应依然显著。

表 8 - 6　　　　　　　　　　　　影响机制检验结果

变量	（1）	（2）	（3）	（4）	（5）
	基本回归	管理费用		财务风险	
	sus	manage	sus	z_ score	sus
dlev	0.063 ***	- 0.012 **	0.060 ***	3.135 **	0.058 ***
	(0.010)	(0.005)	(0.010)	(1.385)	(0.010)
manage			- 0.217 ***		
			(0.025)		
z_ score					0.001 ***
					(0.000)

变量	（1） 基本回归	（2） 管理费用	（3）	（4） 财务风险	（5）
	sus	*manage*	*sus*	*z_ score*	*sus*
size	0.247 ***	− 0.071 ***	0.231 ***	− 30.363 *	0.260 ***
	(0.027)	(0.022)	(0.027)	(18.448)	(0.027)
sizesq	− 0.006 ***	0.001 **	− 0.005 ***	0.615	− 0.006 ***
	(0.001)	(0.000)	(0.001)	(0.394)	(0.001)
mortgage	− 0.053 ***	− 0.020 ***	− 0.057 ***	− 2.737	− 0.045 ***
	(0.008)	(0.006)	(0.008)	(2.492)	(0.008)
liquidity	− 0.003 ***	0.001	− 0.003 ***	1.836 ***	− 0.004 ***
	(0.000)	(0.000)	(0.000)	(0.166)	(0.000)
capital	0.004 **	0.001 *	0.004 **	0.253	0.003 **
	(0.002)	(0.001)	(0.002)	(0.164)	(0.002)
equity	0.011 ***	− 0.001	0.011 ***	0.147	0.010 ***
	(0.002)	(0.001)	(0.002)	(0.116)	(0.002)
indr	0.020	− 0.016	0.017	1.952	0.022
	(0.018)	(0.010)	(0.017)	(1.265)	(0.018)
age	0.000	0.023 ***	0.005	7.404 ***	− 0.004
	(0.008)	(0.005)	(0.008)	(2.349)	(0.008)
constant	− 2.667 ***	1.003 ***	− 2.449 ***	351.440 *	− 2.834 ***
	(0.296)	(0.250)	(0.297)	(210.003)	(0.300)
年份固定效应	Y	Y	Y	Y	Y
企业固定效应	Y	Y	Y	Y	Y
observations	12001	12001	12001	11645	11645
Adj. R^2	0.410	0.811	0.419	0.445	0.417

注：*** 、** 和 * 分别表示在1%、5%和10%的水平下显著；括号内为异方差调整后的稳健标准误。

8.4.3 非线性门槛效应

之前的结论指出，去杠杆通过降低管理费用和财务风险提升企业可持续发展水平，进一步证明降低杠杆率水平对企业长期可持续发展的显著正向效果。已有相关研究表明，杠杆率对企业的业绩表现和长期发展的影响可能呈现非线性特征，根据最优资本结构理论，企业杠杆率存在一个适度水平。基于此，本章利用面板门槛回归方法考察去杠杆对企业可持续发展的非线性影响。

参考 Hansen（1999）提出的面板门槛回归模型，设定以下模型：

$$sus_{ft} = \alpha_1 + \beta_1 dlev_{ft} I(Q_{ft} < \pi_1) + \beta_2 dlev_{ft} I(\pi_1 \leq Q_{ft} < \pi_2)$$
$$+ \beta_3 dlev_{ft} I(Q_{ft} \geq \pi_2) + \lambda_1 X_{ft} + \theta_f + \gamma_t + \mu_{ft} \quad (8.2)$$

其中，$I(*)$ 为示性函数；Q_{ft} 为门槛变量，即企业杠杆变动率（$dlev$）；π 为待估计的门槛值；被解释变量 sus_{ft} 代表企业 f 第 t 年的全要素生产率；$dlev_{ft}$ 为企业 f 第 t 年杠杆率的变动程度；X_{ft} 为企业层面的控制变量集；θ_f 和 γ_t 分别代表企业固定效应和年份固定效应；α 为常数项；μ_{ft} 为随机误差项。

根据 Wang（2015）的做法，首先利用 Stata16 进行面板阈值效应检验，依次检验单一门槛、双重门槛和三重门槛模型。检验结果如表 8 - 7 所示，双重门槛模型的 F 值为 56.88，远高于 10% 临界值水平，显著拒绝了单一门槛的原假设。图 8 - 1 为双重门槛模型的 LR 分布图，虚线为似然估计 LR 的临界值，得到两个门槛值分别为 - 0.0704 和 0.0638，95% 的置信区间分别为 [- 0.0724，- 0.0693]、[0.0625，0.0647]。综上所述，采用双重门槛模型进行估计。

表 8 - 7　　　　　　　　　　门槛效应检验

门槛类型	F	Prob	10% 临界值	5% 临界值	1% 临界值
单一门槛	88.45	0.0000	6.4141	7.9068	13.1649
双重门槛	56.88	0.0000	6.7108	8.2558	11.5303
三重门槛	16.99	0.6567	34.4935	40.7607	50.5851

注：检验结果由 Stata16 软件计算所得；Bootstrap 抽样次数为 300 次。

表 8 - 8 为门槛回归的估计结果，列（1）的基本回归结果作为对照，列（2）为双重门槛回归结果。统计结果显示，去杠杆对企业可持续发展的影响存在显著的门槛效应。当企业当年去杠杆水平低于 - 7.04% 时，去杠杆对企业可持续发展的影响显著为负。而当企业去杠杆水平高于门槛值 - 7.04% 时，去杠杆对企业可持续发展的影响由负转正，且在 1% 的水平下显著。当企业去杠杆水平高于下一个门槛值 6.38% 时，$dlev$ 的系数从 0.254 降低到 0.070，仍在 1% 的水平上显著。以上分析表明，去杠杆与企业可持续发展存在非线性关系，最优资本结构理论也得到印证，企业同年度去杠杆水平保持在适度区间

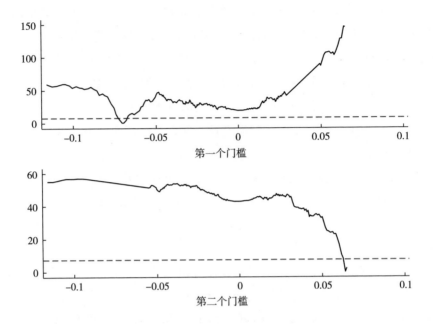

图 8 - 1　门槛效应检验 LR 分布

[- 7.04%，6.38%] 对可持续发展的促进效果最优。同时，门槛值 - 7.04%
也表明，适度地加杠杆，即同年度增加的杠杆率保持在 [0，7.04%]，对企业
可持续发展仍具有显著促进作用。从宏观经济数据来看，中国 2017—2019 年
M2 投放量增长率连续三年保持 8% 左右的水平，与本章计算出适度加杠杆应
低于 7.04% 的结论基本吻合，进一步说明本章结论的可靠性。

表 8 - 8　　　　　　　　　　　　门槛模型回归结果

变量	(1)	(2)
	基本回归	门槛回归
$dlev$	0.063 ***	
	(0.010)	
$dlev$（$Q_{ft} < - 0.0704$）		- 0.022 *
		(0.013)
$dlev$（$- 0.0704 \leqslant Q_{ft} < 0.0638$）		0.254 ***
		(0.022)
$dlev$（$Q_{ft} \geqslant 0.0638$）		0.070 ***
		(0.014)

续表

变量	（1）	（2）
	基本回归	门槛回归
size	0. 247 ***	0. 234 ***
	(0. 027)	(0. 026)
sizesq	− 0. 006 ***	− 0. 005 ***
	(0. 001)	(0. 001)
mortgage	− 0. 053 ***	− 0. 058 ***
	(0. 008)	(0. 008)
liquidity	− 0. 003 ***	− 0. 003 ***
	(0. 000)	(0. 000)
capital	0. 004 **	0. 000
	(0. 002)	(0. 002)
equity	0. 011 ***	0. 014 ***
	(0. 002)	(0. 001)
indr	0. 020	0. 021
	(0. 018)	(0. 019)
age	0. 000	− 0. 002
	(0. 008)	(0. 009)
constant	− 2. 667 ***	− 2. 569 ***
	(0. 296)	(0. 290)
年份固定效应	Y	Y
企业固定效应	Y	Y
observations	12001	7832
Adj. R^2	0. 410	0. 097

注：1. 由于估计门槛回归模型要求平衡面板数据，因此损失了部分样本。

2. ***、** 和 * 分别表示在 1%、5% 和 10% 的水平下显著；括号内为异方差调整后的稳健标准误。

本章小结

本章选取 2010—2018 年中国 A 股非金融上市公司作为样本，基于范霍恩可持续发展模型估算的企业可持续发展能力，构建微观企业层面的去杠杆变量，实证检验了去杠杆对企业可持续发展的影响。研究发现，首先，去杠杆显著提高了企业可持续发展能力，且结论相对稳健；其次，异质性研究发现，去杠杆对企业可持续发展的影响因企业规模、所有制类型及所在地区的不同存在异质性，对于小型企业、国有企业及中部地区企业而言，去杠杆对企业可持续发展能力的提升效果更好；再次，影响渠道检验表明，去杠杆通过降低企业的管理费用和财务风险两个方面促进企业的可持续发展；最后，非线性关系检验发现，去杠杆对企业可持续发展的影响存在双重门槛，企业同年度去杠杆水平保持在适度区间 [−7.04%，6.38%] 更有利于促进企业可持续发展。

第9章 优化企业杠杆率促进企业高质量发展的政策建议

9.1 政府层面优化去杠杆政策，做好顶层设计

9.1.1 转变工作思路，加强市场导向

企业适度去杠杆通过释放财务风险、降低经营成本、重塑约束机制等方面促进企业高质量发展，而企业过度去杠杆则会加大破产风险，传递不良信号，降低经营效率，进而对企业发展产生抑制作用。

当前，中国实现微观企业去杠杆的方式，主要通过宏观层面的货币政策和财政金融政策进行引导。但在实际情况中，则主要依赖于控制银行信贷和财政补贴的总体规模控制企业债务水平的提升。显然，总体控制的方针不符合引导企业适度去杠杆的实际情况。一方面，对高负债企业而言，陡然限制其融资规模势必会影响企业已投入运营项目的进展，加重企业财务负担；另一方面，对中小企业以及债务水平较低的企业而言，总体信贷规模的萎缩，企业融资难的问题将进一步凸显。因此，应转变去杠杆的工作思路，从总体控制转变为总体监督，从主要依赖于行政手段转变为以市场为导向。具体做到以下几点：第一，不以限制信贷规模总量的方式进行引导，转为以完善信贷资质评价体系为着力点，引导信贷资金流向效率高、资质好的企业。第二，各级政府避免以"提目标"方式达到去杠杆的目的，从而干涉市场融资行为，而应转为以市场为导向，主要发挥监督和引导作用，形成银企之间的良性互动，由市场主体根据自身情况调整负债水平。第三，加强对银行等信贷部门的监督，尤其关注坏账比例高、经营效益差、腐败行为频发的金融机构，提高信贷资金配置的效率。

9.1.2 因企制宜，避免"一刀切"式管理

本书研究发现，不同类型的企业当前的负债水平不同，对去杠杆的决策调整也不相同，同时，去杠杆对不同类型企业产生的政策效果也存在显著差异。相对而言，规模较大的企业、产能过剩行业企业、国有企业以及东部地区的企业，整体杠杆率水平较高，去杠杆的效果较好。此外，本书去杠杆与企业高质量发展的非线性关系时发现，就企业高质量发展的不同维度，去杠杆均存在适度区间。

因此，从政府角度可以提出如下几点建议：第一，各类型、各生命周期阶段的企业其最优资本结构往往迥然不同，在实际去杠杆政策的实施中，要因势利导，对症下药，针对不同类型的企业提出不同要求，不可采用"一刀切"式的刚性手段粗暴管理；第二，重点关注规模较大的企业、产能过剩行业企业、国有企业以及东部地区企业的去杠杆问题，优先且有针对性地处理重点企业高负债问题，从而化解企业部分的债务风险；第三，对产能过剩等重点行业以及国有企业，充分履行监督管理的职责，根据行业和企业异质性，合理构建企业负债水平和财务风险指标评估机制，提高监管的时效性和合理性。

9.1.3 营造融资环境，发展资本市场

当前，中国非金融企业负债水平过高。从根源上来看，这与融资环境恶劣，资本市场发展水平低、区域间不平衡有密切联系。融资环境恶劣导致社会资金出现严重错配，负债水平高的大企业由于自身规模和社会实力等优势继续扩大负债水平，保持持续高负债运营，而普通中小企业则陷入融资难、融资贵的问题。资本市场的发展水平较低和区域不平衡的问题同样影响社会资金的自由流动，导致资本错配的问题，进而引发企业高负债风险。本书研究发现，相对而言，东部地区的企业去杠杆的效果更好，从侧面说明中西部地区的资本市场发展相对落后。

因此，政府层面可以落实以下建议：第一，在充分发展全国整体资本市场的同时，注重扶持资本市场相对落后地区的发展，缩小地区间资本市场的发展差距，促进资本跨地区自由流动；第二，大力发展企业债券市场，加快企业债务中介机构的发展，减少对债券市场的行政干预，鼓励企业债的发行，提高企

业债务发行规模，拓宽企业融资渠道；第三，优化营商环境，适度放宽外资准入门槛，积极扩大境外资本直接融资规模，倒逼国内资本市场改革，构建多层次开放型资本市场。

9.2　企业层面把握去杠杆节奏，做好战略规划

9.2.1　把握自身特征，合理调整杠杆率

本书研究发现，不同企业由于自身债务水平、发展阶段等特征不同，适用于不同的去杠杆节奏。从本书对适度去杠杆的定义来看，高负债企业保持合理幅度的降低杠杆率即为适度去杠杆，此外，本书结论还指出，根据企业高质量发展维度的不同，企业适度去杠杆的合理区间也不同。

因此，对企业去杠杆的政策建议如下：第一，充分掌握自身的发展特征，选择去杠杆的决策，大企业、产能过剩企业和国有企业应及时去杠杆，优化自身的资本结构，防范财务风险。第二，企业应当依据财务调整的能力选择去杠杆的幅度，同时，应充分了解自身的经营情况，发挥财务预算的功能，估算预期适用于企业正常经营的杠杆率水平，从而在调整杠杆率释放债务风险的过程中做到有的放矢。第三，根据自身发展战略选择不同的去杠杆适度区间，企业应明确自身的发展战略，根据短期长期发展目标的不同，动态调整自身杠杆率水平，始终以较为合理的资本结构实现企业的战略目标。

9.2.2　转变融资结构，杜绝高负债经营

当前，中国企业杠杆率整体偏高，究其原因主要是企业的融资结构不合理，一方面，企业过度依赖外源融资而忽视了内源融资；另一方面，主要靠间接融资获取资金而没有发挥直接融资的作用，从而造成企业债台高筑，资金使用成本过高，形成高负债经营状况。本书使用的杠杆率指标是企业资产负债率，主要体现的是企业外源融资和间接融资水平，研究发现，无论是对于企业全要素生产率、企业创新还是企业可持续发展而言，去杠杆均具有显著促进作用。

基于此，对企业而言提出以下建议：第一，要提高企业内源融资比重，加

强企业经营管理，增强企业竞争力，从而提高预期收益率，同时，健全自筹资金的筹划和管理机制，充分依靠自身积累发展壮大；第二，要提高直接融资比重，通过增加股权融资、债转股等多种方式扩大权益类资本占比，从而优化资本结构，从根本上杜绝高负债经营；第三，注重维持良好的企业形象，积极履行社会责任，保持诚信经营和健康经营，着力提高企业的信用评级，从而增加企业获取直接融资的机会和可能性。

9.2.3　提高经营效率，防范财务风险

企业高负债经营带来的直接问题是面临较高的财务风险，不利于企业的长期发展。而从传导过程来看，企业经营的不同环节既是影响高负债形成的原因，也是高负债抑制企业发展的影响渠道。从本书得出的结论来看，管理效率是去杠杆提供全要素生产率和企业创新水平的主要机制，此外，去杠杆还通过降低财务费用促进企业创新，通过降低财务风险和管理费用促进企业可持续发展。

因此，本书提出企业层面的建议如下：第一，要优化公司内部控制和治理体系，构建科学的企业组织架构，吸收现代化运营管理理念，提高运营水平和各部门间分工协作的效率，从而提高整体的经营效率；第二，健全公司财务管理体系，重视财务预算、资金管理、财务控制等系统性财务工作，同时，理顺企业内部财务关系，形成监督到位、分工合理、权责一致的财务管理体系；第三，要树立风险意识，根据企业自身经营情况，建立财务风险预警长效机制。同时，要有底线思维，做好风险控制的同时制定相应的危机应对方案。

第 10 章　研究结论及展望

10.1　主要结论

本书基于 2010—2018 年中国 A 股非金融上市公司的面板数据，构建微观企业层面的去杠杆变量，系统分析了中国上市公司的去杠杆现状，在此基础上结合资本结构理论、企业可持续增长理论，利用固定效应模型、两阶段工具变量回归模型、中介效应模型和面板门槛回归模型，从企业全要素生产率、企业创新和企业可持续发展三个角度，全面考察了去杠杆对企业高质量发展的影响。

第一，企业高质量发展可定义为企业实现"高效率、有活力、可持续"的发展，分别对应企业全要素生产率、企业创新和企业可持续发展；去杠杆对企业高质量发展有促进作用和抑制作用两方面效应。企业适度去杠杆从释放财务风险、降低经营成本、重塑约束机制等方面促进企业高质量发展，而企业过度去杠杆则从加大破产风险、传递不良信号、降低经营效率等方面对企业高质量发展产生抑制作用。从高质量发展的不同维度看，去杠杆对企业全要素生产率的影响主要体现在增加研发投入和提高管理效率两个方面；去杠杆对企业创新的影响主要体现在降低财务费用和提高管理效率两个方面；去杠杆对企业可持续发展的影响则体现在降低财务风险和降低管理费用两个方面。

第二，总体来看，中央提出的宏观去杠杆政策在微观领域部分有效。就上市公司的杠杆率水平而言，总体上没有出现下降趋势，债务风险依然存在；从行业异质性来看，产能过剩行业的去杠杆效果更好，总体杠杆率水平相对更低；从企业所有制差异来看，国有企业总体债务水平良好，去杠杆政策的落实更到位，而非国有企业一定程度调整了杠杆率，释放了债务风险，但比例还远远不够；从地区差异来看，东部地区企业去杠杆的力度最大，但企业个体间的差异较大，综合而言债务风险仍然高于中西部地区；就上市公司高质量发展水平来看，去杠杆政策实施后企业高质量发展总体水平及各分项指标均显著提升。

第三，去杠杆影响企业高质量发展的研究发现。首先，从特征事实来看，2015 年后中国上市公司高质量发展的平均水平显著提高；其次，实证分析发现，去杠杆显著提高了企业高质量发展水平，在系列稳健性检验和内生性讨论后结论稳健；再次，异质性检验发现，去杠杆对企业高质量发展的影响因企业规模、所在行业和所有制类型的不同存在异质性，对于大型企业、产能过剩行业的企业以及国有企业而言，去杠杆对企业高质量发展水平的促进作用更好；最后，门槛效应检验发现，去杠杆对企业高质量发展的影响具有双重门槛效应，企业同年度去杠杆水平保持在适度区间［－7.04%，14.09%］更有利于促进企业高质量发展，即实现企业"高效率、有活力、可持续"的发展。

第四，去杠杆影响企业全要素生产率的研究发现。首先，去杠杆与企业全要素生产率显著正相关，就上市公司的样本数据而言，降低杠杆率能够显著促进企业全要素生产率的提升；其次，去杠杆的效果存在明显的异质性，主要受企业规模、所在行业及地区等因素影响，对于小型企业、非产能过剩行业的企业以及东部地区企业，去杠杆对企业全要素生产率的提升效果更好；再次，去杠杆主要通过增加研发投入和提高管理效率两个方面提升企业全要素生产率；最后，去杠杆对企业全要素生产率的影响呈非线性关系，去杠杆水平保持在［－17.61%，14.47%］时有利于促进企业全要素生产率提升，超出该范围则适得其反，与理论分析一致，适度去杠杆对企业高质量发展具有促进作用。

第五，去杠杆影响企业创新的研究发现。首先，去杠杆对企业创新具有显著且稳健的促进作用。异质性研究发现，去杠杆的效果并非适用于所有类型的企业，对于大型企业、产能过剩行业的企业及国有企业，去杠杆能够有效促进企业创新水平的提升，对于小型企业、非产能过剩企业和非国有企业而言，去杠杆效应并不显著；影响机制检验表明，去杠杆主要通过降低财务费用和提高管理效率两个方面促进企业的创新；门槛效应检验发现，去杠杆对企业创新的影响存在双重门槛，企业同年度去杠杆水平保持在［1.9%，13.5%］时有利于企业创新，超出门槛范围的过度去杠杆无法发挥促进作用。

第六，去杠杆影响企业可持续发展能力的研究发现。首先，去杠杆显著提高了企业可持续发展能力，且结论相对稳健；其次，异质性研究发现，去杠杆对企业可持续发展的影响因企业规模、所有制类型及所在地区的不同而存在异质性，对于小型企业、国有企业及中部地区企业而言，去杠杆对企业可持续发展能力的提升效果更好；再次，影响渠道检验表明，去杠杆通过降低企业的管理费用和财务风险两个方面促进企业的可持续发展；最后，非线性关系检验发现，去杠杆对企业可持续发展的影响存在双重门槛，企业同年度去杠杆水平保持在适度区间〔−7.04%，6.38%〕更有利于促进企业可持续发展。

10.2　研究不足与展望

本书从企业全要素生产率、企业创新和企业可持续发展三个维度较为全面地衡量了企业高质量发展，并通过理论分析、现状分析和实证分析等方式考察了去杠杆对企业高质量发展的影响，并进一步探究了其影响渠道。最后基于研究结论提出了优化企业杠杆率促进企业高质量发展的政策建议。但本书仍存在但不限于以下不足：

第一，本书从企业全要素生产率、企业创新和企业可持续发展三个方面构建了一个较为完善的企业高质量发展评价体系。但是，一方面，任何评价体系由于主观性较强，往往不能完全表征变量的全部特征；另一方面，高质量发展的定义因阶段不同、地区不同甚至是企业不同而可能具有不同的内涵。因此，在今后的研究中，我们将进一步挖掘企业高质量发展的内涵，考虑加入企业社会责任履行等指标，从更为广泛的维度来构建指标体系。

第二，尽管使用了合适的工具变量进行内生性问题讨论，但本书仍然存在一定的内生性问题。解决内生性问题最好的办法是设计合理的因果推断研究框架，目前，虽已有学者对去杠杆政策效应的评估采用了双重差分模型，但没有很好地解决处理组样本选择的问题，显然是粗糙和不合理的。因此，在未来的研究中，一方面，可以关注某些更为具体的去杠杆政策，较好地处理样本选择问题；另一方面，应积极学习因果推断的最新方法，不断探寻缓解内生性的研究设计。

第三，由于知识积累和学术能力等方面的不足，笔者对企业杠杆率的认识仍不够深刻，对问题的研究也不够透彻，这也是笔者今后努力的方向。

参 考 文 献

［1］巴曙松，柴宏蕊，方云龙．非金融企业杠杆率与区域经济高质量发展的非线性关系研究——基于结构性去杠杆视角［J］．国际金融研究，2022（3）：77 – 86．

［2］蔡昉．中国经济增长如何转向全要素生产率驱动型［J］．中国社会科学，2013（1）：56 – 71．

［3］曹平，张伟伟．"去杠杆"政策抑制国有企业创新了吗？——兼议后疫情时期"去杠杆"［J］．技术经济，2021，40（12）：25 – 36．

［4］陈太义，王燕，赵晓松．营商环境、企业信心与企业高质量发展——来自 2018 年中国企业综合调查（CEGS）的经验证据［J］．宏观质量研究，2020，8（2）：110 – 128．

［5］陈兴述，陈煦江．上市公司盈利质量与可持续发展能力研究［J］．经济问题，2007（10）：56 – 58．

［6］陈昭，刘映曼．中国财政支出对经济发展质量的空间溢出效应——基于省级数据时空异质性研究［J］．地方财政研究，2019（12）：86 – 95．

［7］陈志强，程卫红，苏昱冰．结构性去杠杆的影响因素与路径研究［J］．金融监管研究，2019（11）：19 – 35．

［8］程虹，王明明，李唐．管理效率与全要素生产率——基于"中国企业—劳动力匹配调查"（CEES）的新证据［J］．南方经济，2018（9）：123 – 140．

［9］程惠芳，陆嘉俊．知识资本对工业企业全要素生产率影响的实证分析［J］．经济研究，2014，49（5）：174 – 187．

［10］楚有为．去杠杆与股价崩盘风险——基于政策压力的检验［J］．现代财经（天津财经大学学报），2021，41（8）：34 – 50．

［11］窦炜，张书敏．"结构性"去杠杆、企业金融化与创新投资［J］．工

业技术经济, 2021, 40 (9): 12 – 23.

[12] 窦炜. "结构性"去杠杆与企业资产配置: "脱实向虚"还是"脱虚向实"[J]. 当代财经, 2021 (11): 125 – 137.

[13] 段海艳. 人力资本、金融资本协同与企业技术创新 [J]. 会计之友, 2016 (18): 32 – 37.

[14] 樊勇, 王蔚. 市场化程度与企业债务税盾效应——来自中国上市公司的经验证据 [J]. 财贸经济, 2014 (2): 44 – 55.

[15] 范剑勇, 冯猛, 李方文. 产业集聚与企业全要素生产率 [J]. 世界经济, 2014, 37 (5): 51 – 73.

[16] 高培勇, 袁富华, 胡怀国, 刘霞辉. 高质量发展的动力、机制与治理 [J]. 经济研究, 2020, 55 (4): 4 – 19.

[17] 宫汝凯, 徐悦星, 王大中. 经济政策不确定性与企业杠杆率 [J]. 金融研究, 2019 (10): 59 – 78.

[18] 辜胜阻, 吴沁沁, 庄芹芹. 推动"一带一路"建设与企业"走出去"的对策思考 [J]. 经济纵横, 2017 (2): 1 – 9.

[19] 郭春丽. 资本结构的变化与公司价值: 西方研究综述 [J]. 贵州财经学院学报, 2006 (3): 45 – 50.

[20] 郭文伟, 朱洪进, 马晓文. 结构性去杠杆与中国房地产金融业波动溢出风险: 促进还是抑制 [J]. 云南财经大学学报, 2022, 38 (1): 40 – 58.

[21] 郭祎. 金融去杠杆的本质与实现条件 [J]. 改革, 2018 (4): 73 – 81.

[22] 国家发展改革委经济研究所课题组. 推动经济高质量发展研究[J]. 宏观经济研究, 2019 (2): 5 – 17.

[23] 韩超, 胡浩然. 清洁生产标准规制如何动态影响全要素生产率——剔除其他政策干扰的准自然实验分析 [J]. 中国工业经济, 2015 (5): 70 – 82.

[24] 韩云. 股利平稳性、代理成本与资本结构——基于随机前沿模型的实证分析 [J]. 经济经纬, 2017, 34 (6): 152 – 158.

[25] 郝爱民, 胡沛枫. 上市公司可持续发展综合评价体系及实证研究 [J]. 经济管理, 2005 (8): 76 – 82.

[26] 何光辉, 杨咸月. 融资约束对企业生产率的影响——基于系统 GMM

方法的国企与民企差异检验［J］. 数量经济技术经济研究, 2012, 29（5）:
19 – 35.

［27］胡海峰, 宋肖肖, 郭兴方. 投资者保护制度与企业韧性:影响及其
作用机制［J］. 经济管理, 2020, 42（11）: 23 – 39.

［28］胡育蓉, 齐结斌, 楼东玮. 企业杠杆率动态调整效应与"去杠杆"
路径选择［J］. 经济评论, 2019（2）: 88 – 100.

［29］黄继承, 姜付秀. 产品市场竞争与资本结构调整速度［J］. 世界经
济, 2015, 38（7）: 99 – 119.

［30］黄速建, 肖红军, 王欣. 论国有企业高质量发展［J］. 中国工业经
济, 2018（10）: 19 – 41.

［31］黄远浙, 钟昌标, 叶劲松, 胡大猛. 跨国投资与创新绩效——基于对
外投资广度和深度视角的分析［J］. 经济研究, 2021, 56（1）: 138 – 154.

［32］纪敏, 严宝玉, 李宏瑾. 杠杆率结构、水平和金融稳定——理论分
析框架和中国经验［J］. 金融研究, 2017（2）: 11 – 25.

［33］纪洋, 王旭, 谭语嫣, 黄益平. 经济政策不确定性、政府隐性担保与
企业杠杆率分化［J］. 经济学（季刊）, 2018, 17（2）: 449 – 470.

［34］简泽, 张涛, 伏玉林. 进口自由化、竞争与本土企业的全要素生产
率——基于中国加入 WTO 的一个自然实验［J］. 经济研究, 2014, 49（8）:
120 – 132.

［35］江小国, 何建波, 方蕾. 制造业高质量发展水平测度、区域差异与
提升路径［J］. 上海经济研究, 2019（7）: 70 – 78.

［36］金碚. 关于"高质量发展"的经济学研究［J］. 中国工业经济,
2018（4）: 5 – 18.

［37］靳曙畅. 债务异质性、产权性质与企业可持续发展［J］. 山西财经
大学学报, 2019, 41（6）: 67 – 84.

［38］李高雅, 贺亚楠, 郭昌荣. 持续去杠杆能提高企业创新吗——基于
面板门槛模型的实证检验［J］. 会计之友, 2021（1）: 23 – 29.

［39］李建军, 彭俞超, 马思超. 普惠金融与中国经济发展:多维度内涵
与实证分析［J］. 经济研究, 2020, 55（4）: 37 – 52.

［40］李建军, 张书瑶. 税收负担、财政补贴与企业杠杆率［J］. 财政研

究，2018（5）：86－98．

［41］李娟，杨晶晶，赖明勇．金融市场化促进了企业部门结构性去杠杆吗？——来自中国制造业企业的证据［J］．财经研究，2020，46（10）：33－47．

［42］李俊青，高瑜，李响．环境规制与中国生产率的动态变化：基于异质性企业视角［J］．世界经济，2022，45（1）：82－109．

［43］李平，程红雨，王春晖．进口自由化、僵尸企业与企业生产率［J］．南开经济研究，2021（6）：197－215．

［44］李世辉，雷新途．两类代理成本、债务治理及其可观测绩效的研究——来自我国中小上市公司的经验证据［J］．会计研究，2008（5）：30－37．

［45］李寿喜，石佳鑫．去杠杆政策对企业创新的影响研究——来自汽车行业的经验证据［J］．工业技术经济，2021，40（10）：94－99．

［46］李唐，董一鸣，王泽宇．管理效率、质量能力与企业全要素生产率——基于"中国企业—劳动力匹配调查"的实证研究［J］．管理世界，2018，34（7）：86－99．

［47］李文贵，余明桂．民营化企业的股权结构与企业创新［J］．管理世界，2015（4）：112－125．

［48］李扬，常欣，张晓晶．中国国家资产负债表2015——理论、方法与风险评估［M］．北京：中国社会科学出版社，2016．

［49］梁安琪，武晓芬．企业去杠杆、投资效率和企业绩效［J］．经济与管理，2021，35（1）：62－69．

［50］林毅夫，向为，余淼杰．区域型产业政策与企业生产率［J］．经济学（季刊），2018，17（2）：781－800．

［51］刘斌，黄永红，刘星．中国上市公司可持续增长的实证分析［J］．重庆大学学报（自然科学版），2002（9）：150－154．

［52］刘冲，吴群锋，刘青．交通基础设施、市场可达性与企业生产率——基于竞争和资源配置的视角［J］．经济研究，2020，55（7）：140－158．

［53］刘健，刘然．企业社会责任对可持续发展的影响——基于钢铁类上市公司的实证研究［J］．软科学，2012，26（10）：104－106．

［54］刘少波，邓可斌．大股东控股比例、控制权收益与公司可持续发展

[J]．金融评论，2010，2（5）：46 – 60.

［55］刘诗源，林志帆，冷志鹏．税收激励提高企业创新水平了吗？——基于企业生命周期理论的检验［J］．经济研究，2020，55（6）：105 – 121.

［56］刘祥平．基于财务视角的企业可持续发展与财务战略选择研究［D］．长春：吉林大学，2010.

［57］刘晓光，刘元春．杠杆率、短债长用与企业表现［J］．经济研究，2019，54（7）：127 – 141.

［58］陆正飞，何捷，窦欢．谁更过度负债：国有还是非国有企业［J］．经济研究，2015，50（12）：54 – 67.

［59］吕民乐，王晓虎．企业资本结构与 R&D 投入——基于汽车制造业上市公司的经验研究［J］．中国科技论坛，2010（1）：62 – 66.

［60］吕嗣孝．中小企业股权激励计划与企业可持续发展研究——基于中小企业板上市公司的面板数据［J］．上海经济研究，2015（4）：93 – 100.

［61］罗来军，李军林，王雨剑，赵勇．企业债务的经济效应检验［J］．经济理论与经济管理，2016（8）：47 – 59.

［62］罗珉，李亮宇．互联网时代的商业模式创新：价值创造视角［J］．中国工业经济，2015（1）：95 – 107.

［63］罗能生，刘文彬，王玉泽．杠杆率、企业规模与企业创新［J］．财经理论与实践，2018，39（6）：112 – 118.

［64］马草原，朱玉飞．去杠杆、最优资本结构与实体企业生产率［J］．财贸经济，2020，41（7）：99 – 113.

［65］马永强，张志远．去杠杆与实体企业金融资产配置［J］．国际金融研究，2021（12）：14 – 23.

［66］毛其淋，许家云．中国企业对外直接投资是否促进了企业创新［J］．世界经济，2014，37（8）：98 – 125.

［67］莫似影，张长江，张家峰．股权性质、融资需求与公司可持续发展信息披露［J］．财会通讯，2018（3）：55 – 60.

［68］聂辉华，张彧，江艇．中国地区腐败对企业全要素生产率的影响［J］．中国软科学，2014（5）：37 – 48.

［69］牛翠萍，耿修林．企业家精神、管理层权力与企业可持续发展绩效

的实证 [J]. 统计与决策, 2020, 36 (19): 164 – 168.

[70] 潘敏, 袁歌骋. 金融去杠杆对经济增长和经济波动的影响 [J]. 财贸经济, 2018, 39 (6): 58 – 72.

[71] 潘越, 宁博, 纪翔阁, 戴亦一. 民营资本的宗族烙印: 来自融资约束视角的证据 [J]. 经济研究, 2019, 54 (7): 94 – 110.

[72] 綦好东, 刘浩, 朱炜. 过度负债企业 "去杠杆" 绩效研究 [J]. 会计研究, 2018 (12): 3 – 11.

[73] 钱雪松, 康瑾, 唐英伦, 曹夏平. 产业政策、资本配置效率与企业全要素生产率——基于中国 2009 年十大产业振兴规划自然实验的经验研究 [J]. 中国工业经济, 2018 (8): 42 – 59.

[74] 乔小乐, 宋林, 安磊. 去杠杆有助于提高企业资金使用效率吗——来自中国制造业上市企业的经验证据 [J]. 山西财经大学学报, 2018, 40 (3): 39 – 51.

[75] 邱英, 干胜道. 中国上市公司可持续发展的财务影响因素分析 [J]. 会计之友 (中旬刊), 2006 (2): 52 – 54.

[76] 盛明泉, 张娅楠, 胡之逊. 企业杠杆率与全要素生产率关系研究 [J]. 哈尔滨商业大学学报 (社会科学版), 2019 (5): 68 – 80.

[77] 施本植, 汤海滨. 什么样的杠杆率有利于企业高质量发展 [J]. 财经科学, 2019 (7): 80 – 94.

[78] 石大千, 胡可, 陈佳. 城市文明是否推动了企业高质量发展?——基于环境规制与交易成本视角 [J]. 产业经济研究, 2019 (6): 27 – 38.

[79] 石大千, 李格, 刘建江. 信息化冲击、交易成本与企业 TFP——基于国家智慧城市建设的自然实验 [J]. 财贸经济, 2020, 41 (3): 117 – 130.

[80] 宋凤柱. 财务杠杆原理与企业可持续发展路径关系分析 [J]. 黑河学院学报, 2018, 9 (4): 52 – 53.

[81] 宋清华, 林永康. 杠杆率会影响全要素生产率吗——基于企业和地区异质性的视角 [J]. 山西财经大学学报, 2021, 43 (3): 112 – 126.

[82] 苏冬蔚, 吴仰儒. 我国上市公司可持续发展的计量模型与实证分析 [J]. 经济研究, 2005 (1): 106 – 116.

[83] 苏屹, 于跃奇, 李丹. 企业创新能力对可持续发展能力影响研

究——基于政府补助的调节作用［J］. 华东经济管理, 2018, 32（11）：112 – 117.

［84］孙浦阳, 侯欣裕, 盛斌. 服务业开放、管理效率与企业出口［J］. 经济研究, 2018, 53（7）：136 – 151.

［85］孙巍, 耿丹青, 董恺强. 市场冲击、企业负债水平与"去杠杆"的政策选择［J］. 西安交通大学学报（社会科学版）, 2021, 41（1）：16 – 28.

［86］孙巍, 耿丹青. 市场冲击、资产配置与债务融资——兼论后疫情阶段制造业复苏背景下的"稳杠杆"［J］. 当代经济科学, 2021, 43（2）：27 – 35.

［87］谭小芬, 李源, 王可心. 金融结构与非金融企业"去杠杆"［J］. 中国工业经济, 2019（2）：23 – 41.

［88］唐红祥, 张祥祯, 吴艳, 贺正楚. 中国制造业发展质量与国际竞争力提升研究［J］. 中国软科学, 2019（2）：128 – 142.

［89］唐清泉, 徐欣, 曹媛. 股权激励、研发投入与企业可持续发展——来自中国上市公司的证据［J］. 山西财经大学学报, 2009, 31（8）：77 – 84.

［90］汪辉. 上市公司债务融资、公司治理与市场价值［J］. 经济研究, 2003（8）：28 – 35.

［91］王国刚. "去杠杆"：范畴界定、操作重心和可选之策［J］. 经济学动态, 2017（7）：16 – 25.

［92］王海兵, 韩彬. 社会责任、内部控制与企业可持续发展——基于A股主板上市公司的经验分析［J］. 北京工商大学学报（社会科学版）, 2016, 31（1）：75 – 84.

［93］王杰, 刘斌. 环境规制与企业全要素生产率——基于中国工业企业数据的经验分析［J］. 中国工业经济, 2014（3）：44 – 56.

［94］王连军. 金融发展、财务柔性与公司去杠杆——来自我国上市公司的经验研究［J］. 当代财经, 2018（6）：50 – 62.

［95］王奇杰, 曹潇, 浦嘉湫, 武靖雯. 去杠杆政策下会计稳健性研究［J］. 财会通讯, 2020（11）：21 – 25.

［96］王青, 徐世勇, 沈洁. 企业社会责任文化促进企业可持续发展的机制研究——以江森自控为例［J］. 中国人力资源开发, 2018, 35（3）：149

–158.

［97］王文春，荣昭．房价上涨对工业企业创新的抑制影响研究［J］．经济学（季刊），2014，13（2）：465–490.

［98］王雄元，卜落凡．国际出口贸易与企业创新——基于"中欧班列"开通的准自然实验研究［J］．中国工业经济，2019（10）：80–98.

［99］王学凯，姜卫民，谢庆．去杠杆政策是否影响企业绩效［J］．国际金融研究，2021（12）：84–93.

［100］王玉泽，罗能生，刘文彬．什么样的杠杆率有利于企业创新［J］．中国工业经济，2019（3）：138–155.

［101］魏志华，曾爱民，李博．金融生态环境与企业融资约束——基于中国上市公司的实证研究［J］．会计研究，2014（5）：73–80.

［102］温忠麟，叶宝娟．中介效应分析：方法和模型发展［J］．心理科学进展，2014，22（5）：731–745.

［103］吴丹，郑攀攀．去杠杆政策对企业债务风险的影响——基于DID方法［J］．投资研究，2021，40（4）：121–138.

［104］吴良海，张玉．会计稳健性、公益性捐赠与企业可持续发展——来自中国A股市场的经验证据［J］．现代财经（天津财经大学学报），2017，37（8）：85–100.

［105］吴敏，曹婧，毛捷．地方公共债务与企业全要素生产率：效应与机制［J］．经济研究，2022，57（1）：107–121.

［106］肖海莲，唐清泉，周美华．负债对企业创新投资模式的影响——基于R&D异质性的实证研究［J］．科研管理，2014，35（10）：77–85.

［107］谢获宝，黄大禹．媒体压力能否驱动企业去杠杆［J］．福建论坛（人文社会科学版），2020（7）：49–57.

［108］徐保昌，谢建国．政府质量、政府补贴与企业全要素生产率［J］．经济评论，2015（4）：45–56.

［109］徐春立．论企业可持续发展能力的财务杠杆政策利用［J］．当代财经，2006（9）：99–105.

［110］徐斯旸，何强，李华民．企业杠杆的创新驱动效应：生命周期视角与异质性检验［J］．南方金融，2021（5）：8–19.

[111] 许晓芳, 陆正飞. 我国企业杠杆操纵的动机、手段及潜在影响 [J]. 会计研究, 2020 (1): 92 – 99.

[112] 杨柳, 郭亚蕊, 郭文佩. 房地产市场波动、金融去杠杆对宏观经济稳定的影响 [J]. 武汉金融, 2021 (5): 3 – 11.

[113] 杨汝岱. 中国制造业企业全要素生产率研究 [J]. 经济研究, 2015, 50 (2): 61 – 74.

[114] 杨旭东, 彭晨宸, 姚爱琳. 管理层能力、内部控制与企业可持续发展 [J]. 审计研究, 2018 (3): 121 – 128.

[115] 姚禄仕, 聂瑞. 多元化与上市公司可持续发展能力分析——来自中国证券市场的证据 [J]. 经济与管理, 2007 (2): 57 – 61.

[116] 尹志锋, 叶静怡, 黄阳华, 秦雪征. 知识产权保护与企业创新：传导机制及其检验 [J]. 世界经济, 2013, 36 (12): 111 – 129.

[117] 于博. 技术创新推动企业去杠杆了吗？——影响机理与加速机制 [J]. 财经研究, 2017, 43 (11): 113 – 127.

[118] 曾卓然, 韩仁杰, 任跃文. 企业管理效率、政府补贴与技术创新 [J]. 统计与决策, 2021, 37 (2): 181 – 184.

[119] 张弛, 张兆国, 包莉丽. 企业环境责任与财务绩效的交互跨期影响及其作用机理研究 [J]. 管理评论, 2020, 32 (2): 76 – 89.

[120] 张红军. 中国上市公司股权结构与公司绩效的理论及实证分析 [J]. 经济科学, 2000 (4): 34 – 44.

[121] 张杰, 芦哲, 郑文平, 陈志远. 融资约束、融资渠道与企业 R&D 投入 [J]. 世界经济, 2012, 35 (10): 66 – 90.

[122] 张杰. 负债率如何影响生产率——基于中国工业部门 U 型关系的一个解释 [J]. 财贸经济, 2019, 40 (3): 68 – 83.

[123] 张晓玲. 可持续发展理论：概念演变、维度与展望 [J]. 中国科学院院刊, 2018, 33 (1): 10 – 19.

[124] 张璇, 刘贝贝, 汪婷, 李春涛. 信贷寻租、融资约束与企业创新 [J]. 经济研究, 2017, 52 (5): 161 – 174.

[125] 赵剑波, 史丹, 邓洲. 高质量发展的内涵研究 [J]. 经济与管理研究, 2019, 40 (11): 15 – 31.

［126］赵宇龙．会计盈余披露的信息含量——来自上海股市的经验证据
［J］．经济研究，1998（7）：41－49．

［127］郑曼妮，黎文靖．中国过度负债企业去杠杆——基于资本结构动态
调整视角［J］．国际金融研究，2018（10）：87－96．

［128］郑晟祺．去杠杆、经营风险与企业创新［J］．统计与决策，2022，
38（1）：174－178．

［129］郑忠华，汤雅雯．去杠杆政策、金融资产配置与企业脱实向虚[J]．
产业经济评论，2021（1）：19－33．

［130］中国人民银行杠杆率研究课题组，徐诺金，姜再勇．中国经济杠杆
率水平评估及潜在风险研究［J］．金融监管研究，2014（5）：23－38．

［131］钟凯，程小可，张伟华．货币政策适度水平与企业"短贷长投"之
谜［J］．管理世界，2016（3）：87－98．

［132］周茜，许晓芳，陆正飞．去杠杆，究竟谁更积极与稳妥［J］．管理
世界，2020，36（8）：127－148．

［133］周勤，盛巧燕．企业破产成本的研究综述［J］．经济学动态，2004
（6）：84－88．

［134］周水银，陈荣秋．上市公司的可持续发展问题研究［J］．中国软科
学，2000（6）：46－49．

［135］朱光曦，马占新．基于 DEA 的企业可持续发展评价研究［J］．中
国管理科学，2008，16（S1）：358－361．

［136］朱琳，江轩宇，伊志宏，潘琦．经营杠杆影响企业创新吗［J］．南
开管理评论，2021，24（6）：163－175．

［137］庄子罐，邹金部，刘鼎铭．金融冲击、去杠杆与中国宏观经济波动
［J］．财贸经济，2022：1－16．

［138］邹静娴，谭小芬，施函青．最低工资对企业长、短期杠杆率的异质
性影响［J］．统计研究，2020，37（11）：15－29．

［139］AGHION, P. , ANGELETOS, G. , BANERJEE, A. , MANOVA, K.
Volatility and Growth: Credit Constraints and the Composition of Investment ［J］.
Journal of Monetary Economics, 2010, 57（3）：246－265.

［140］AIVAZIAN, V. A. , GE, Y. , QIU, J. The Impact of Leverage on

Firm Investment: Canadian Evidence [J]. Journal of Corporate Finance, 2005, 11 (1 - 2): 277 - 291.

[141] BAKER, S. R. , BLOOM, N. Does Uncertainty Reduce Growth? Using Disasters as Natural Experiments [C]. NBER Working Paper No. 19475, 2013.

[142] BANSAL, P. Evolving Sustainably: A Longitudinal Study of Corporate Sustainable Development [J]. Strategic Management Journal, 2005, 26 (3): 197 - 218.

[143] BARTOLONI, E. Capital Structure and Innovation: Causality and Determinants [J]. Empirica, 2013, 40 (1): 111 - 151.

[144] BAUMOL, W. J. , LEE, K. S. Contestable Markets, Trade, and Development [J]. The World Bank Research Observer, 1991, 6 (1): 1 - 17.

[145] BECK, T. , LEVINE, R. Stock Markets, Banks, and Growth: Panel Evidence [J]. Journal of Banking & Finance, 2004.

[146] BENIGNO, P. , ROMEI, F. Debt Deleveraging and the Exchange Rate [J]. Journal of International Economics, 2014, 93 (1): 1 - 16.

[147] BERK, J. B. , STANTON, R. , ZECHNER, J. Human Capital, Bankruptcy, and Capital Structure [J]. Journal of Finance, 2010, 65 (3): 891 - 926.

[148] BERZKALNE, I. , ZELGALVE, E. Capital Structure and Innovation: A Study of Baltic Listed Companies [J]. Changes in Social and Business Environment, 2013 (5): 13 - 21.

[149] BLOOM, N. , EIFERT, B. , MAHAJAN, A. , MCKENZIE, D. , ROBERTS, J. Does Management Matter? Evidence from India [J]. The Quarterly Journal of Economics, 2012, 128 (1): 1 - 51.

[150] BROWN, J. R. , FAZZARI, S. M. , PETERSEN, B. C. Financing Innovation and Growth: Cash Flow, External Equity, and the 1990s R&D boom [J]. The Journal of Finance, 2009, 64 (1): 151 - 185.

[151] CALLENS, I. , TYTECA, D. Towards Indicators of Sustainable Development for Firms: A Productive Efficiency Perspective [J]. Ecological Economics,

1999, 28 (1): 41 –53.

[152] CHEN, K. , GUO, W. , KANG, Y. , WANG, J. Does the Delever-aging Policy Increase the Risk of Corporate Debt Default: Evidence from China [J]. Emerging Markets Finance and Trade, 2022, 58 (3): 601 –613.

[153] CLAYTON, J. L. The Fiscal Limits of the Warfare – Welfare State: Defense and Welfare Spending in the United States since 1900 [J]. Western Political Quarterly, 1976, 29 (3): 364 –383.

[154] CORICELLI, F. , DRIFFIELD, N. , PAL, S. , ROLAND, I. When Does Leverage Hurt Productivity Growth? A Firm – level Analysis [J]. Journal of International Money & Finance, 2012, 31 (6): 1674 –1694.

[155] DO, H. X. , NGUYEN, N. H. , NGUYEN, Q. M. P. Financial Leverage and Stock Return Comovement [J] . Journal of Financial Markets, 2021: 100699.

[156] EDWARD FREEMAN, R. , EVAN, W. M. Corporate Governance: A Stakeholder Interpretation [J]. Journal of Behavioral Economics, 1990, 19 (4): 337 –359.

[157] EGGERTSSON, G. B. , KRUGMAN, P. Debt, Deleveraging, and the Liquidity Trap: A Fisher – Minsky – Koo Approach [J]. Quarterly Journal of Economics, 2012, 127 (3): 1469 –1513.

[158] FRANK, M. Z. , GOYAL, V. K. Trade – Off and Pecking Order Theories of Debt [C]. SSRN Working Paper, 2007, 1: 135 –202.

[159] GHANI, E. , GOSWAMI, A. G. , KERR, W. R. Highway to success: The impact of the Golden Quadrilateral Project for the Location and Performance of Indian manufacturing [J]. The Economic Journal, 2016, 126 (591): 317 –357.

[160] GIDDINGS, B. , HOPWOOD, B. , O'BRIEN, G. Environment, Economy and Society: Fitting them Together Into Sustainable Development [J]. Sustainable Development, 2002, 10 (4): 187 –196.

[161] GOMIS, R. M. , KHATIWADA, S. Debt and Productivity: Evidence From Firm – level Data [J]. Working Paper, 2017.

［162］GUARIGLIA, A. , LIU, P. To What Extent do Financing Constraints Affect Chinese Firms' Innovation Activities ［J］. International Review of Financial Analysis, 2014, 36 (dec.): 223 – 240.

［163］HALL, B. H. , LERNER, J. The Financing of R&D and Innovation ［J］. 2010: 609 – 639.

［164］HAN, W. , CHEN, F. , DENG, Y. Alliance Portfolio Management and Sustainability of Entrepreneurial Firms ［J］. Sustainability, 2018, 10 (10): 3815.

［165］HANSEN, B. E. Threshold Effects in Non – dynamic Panels: Estimation, Testing, and Inference ［J］. Journal of Econometrics, 1999, 93 (2): 345 – 368.

［166］HARRIS, R. , MOFFAT, J. The Impact of Product Subsidies on Plant – level Total Factor Productivity in Britain, 1997 – 2014 ［J］. Scottish Journal of Political Economy, 2020, 67 (4): 387 – 403.

［167］HE, J. J. , TIAN, X. The Dark side of Analyst Coverage: The Case of Innovation ［J］. Journal of Financial Economics, 2013, 109 (3): 856 – 878.

［168］HIGGINS, R. C. Sustainable Growth under Inflation ［J］. Financial Management, 1981, 10 (4): 36 – 40.

［169］HIRTH, S. , VISWANATHA, M. Financing Constraints, Cash – flow Risk, and Corporate Investment ［J］. Journal of Corporate Finance, 2011, 17 (5): 1496 – 1509.

［170］HOLL, A. Highways and Productivity in Manufacturing Firms ［J］. Journal of Urban Economics, 2016, 93: 131 – 151.

［171］HOLMES, T. J. , SCHMITZ J. A. Competition and Productivity: A Review of Evidence ［J］. Annu. Rev. Econ. , 2010, 2 (1): 619 – 642.

［172］HOTTENROTT, H. , PETERS, B. Innovative Capability and Financing Constraints for Innovation: More Money, More Innovation ［J］. Review of Economics and Statistics, 2012, 94 (4): 1126 – 1142.

［173］HSIEH, C. , SONG, Z. M. Grasp the Large, Let Go of the Small: The Transformation of the State Sector in China ［J］. Brookings Papers on Economic Activity, 2015: 295 – 346.

[174] JENSEN, M. C. , MECKLING, W. H. Theory of the Firm: Managerial Behavior, Agency Costs and Ownership Structure [J]. Journal of Financial Economics, 1976, 3 (4): 305 – 360.

[175] JENSEN, M. C. Agency Costs of Free Cash Flow, Corporate Finance, and Takeovers [J]. The American Economic Review, 1986, 76 (2): 323 – 329.

[176] KANG, K. , PARK, H. Influence of Government R&D Support and Inter – firm Collaborations on Innovation in Korean Biotechnology SMEs [J]. Technovation, 2012, 32 (1): 68 – 78.

[177] KIYOTAKI, N. , MOORE, J. Credit Cycles [J]. Journal of Political Economy, 1997, 105 (2): 211 – 248.

[178] KRUGMAN, P. The Myth of Asia's Miracle [J]. Foreign Affairs, 1994, 73 (6): 62 – 78.

[179] KRUGMAN, P. The Narrow Moving Band, the Dutch Disease, and the Competitive Consequences of Mrs. Thatcher: Notes on Trade in the Presence of DynamicScale Economies [J]. Journal of development Economics, 1987, 27 (1 – 2): 41 – 55.

[180] KUVSHINOV, D. , MÜLLER, G. J. , WOLF, M. Deleveraging, Deflation and Depreciation in the Euro Area [J]. European Economic Review, 2016 (88): 42 – 66.

[181] LAEVEN, L. , VALENCIA, F. The Use of Blanket Guarantees in Banking Crises [J]. Journal of International Money & Finance, 2012, 31 (5): 1220 – 1248.

[182] LANG, L. , OFEK, E. , STULZ, R. Leverage, Investment, and Firm Growth [J]. Journal of Financial Economics, 1995, 40 (1): 3 – 29.

[183] LENGNICK – Hall, C. A. Innovation and Competitive Advantage: What We Know and What We Need to Learn [J]. Journal of management, 1992, 18 (2): 399 – 429.

[184] LI, B. , SHI, S. , ZENG, Y. The Impact of Haze Pollution on Firm – Level TFP in China: Test of a Mediation Model of Labor Productivity [J]. Sustainability, 2020, 12.

［185］ LI, X. Sources of External Technology, Absorptive Capacity, and Innovation Capability in Chinese State – owned High – tech Enterprises ［J］. World Development, 2011, 39 (7): 1240 – 1248.

［186］ LIN, C. , MA, Y. , MALATESTA, P. , XUAN, Y. Corporate Ownership Structure and Bank Loan Syndicate Structure ［J］. Journal of Financial Economics, 2012, 104 (1): 1 – 22.

［187］ LIU, Q. , MA, H. Trade Policy Uncertainty and Innovation: Firm Level Evidence from China' s WTO Accession ［J］. Journal of International Economics, 2020, 127: 103387.

［188］ LONG, M. , MALTIZ, I. The Investment – Financing Nexus: Some Empirical Evidence ［J］. Midland Corporate Finance Journal, 1985, 3 (3): 53 – 59.

［189］ LOU, Y. , TIAN, Y. , TANG, X. Does Environmental Regulation Improve an Enterprise's Productivity? —Evidence from China's Carbon Reduction Policy ［J］. Sustainability, 2020, 12.

［190］ MACKIE – MASON, J. K. Do Taxes Affect Corporate Financing Decisions ［J］. The Journal of Finance, 1990, 45 (5): 1471 – 1493.

［191］ MAKSIMOVIC, V. , TITMAN, S. Financial Policy and Reputation for Product Quality ［J］. Review of Financial Studies, 1991, 4 (1): 175 – 200.

［192］ MATSUO, H. , OGAWA, S. Innovating Innovation: The Case of Seven – eleven Japan ［J］. International Commerce Review – – ECR Journal, 2007, 7 (2) .

［193］ MIDRIGAN, V. , PHILIPPON, T. Household Leverage and the Recession ［J］. Working Paper, 2011.

［194］ MODIGLIANI, F. , MILLER, M. H. The Cost of Capital, Corporation Finance andthe Theory of Investment ［J］. The American Economic Review, 1958, 48 (3): 261 – 297.

［195］ MYERS, S. C. Determinants of Corporate Borrowing ［J］. Journal of Financial Economics, 1977, 5 (2): 147 – 175.

［196］ NURUZZAMAN, N. , SINGH, D. , PATTNAIK, C. Competing to be

Innovative: Foreign Competition and Imitative Innovation of Emerging Economy Firms [J]. International Business Review, 2019, 28 (5): 101490.

[197] OLLEY, G. S., PAKES, A. The Dynamics of Productivity in the Telecommunications Equipment Industry [J]. Econometrica, 1996, 64 (6): 1263 – 1297.

[198] PAGANO, M., PANETTA, F., ZINGALES, L. Why Do Companies Go Public? An Empirical Analysis [J]. The Journal of Finance, 1998, 53 (1): 27 – 64.

[199] PARRINO, R., WEISBACH, M. S. Measuring Investment Distortions Arising from Stockholder – bondholder Conflicts [J]. Journal of Financial Economics, 1999, 53 (1): 3 – 42.

[200] PORTER, M. E. Capital Choices: Changing the Way America Invests in Industry [J]. Journal of Applied Corporate Finance, 1992, 5 (2): 4 – 16.

[201] PROOST, S., THISSE, J. What Can be Learned From Spatial Economics [J]. Journal of Economic Literature, 2019, 57 (3): 575 – 643.

[202] QIU, B., TIAN, G. G., ZENG, H. How Does Deleveraging Affect Funding Market Liquidity [J]. Management Science, 2021.

[203] RABERTO, M., TEGLIO, A., CINCOTTI, S. Debt, Deleveraging and Business Cycles: An Agent – based Perspective [J]. Economics Discussion Paper, 2011, No. 2011 – 31.

[204] RAJAN, R. G., ZINGALES, L. What Do We Know about Capital Structure? Some Evidence from International Data [J]. The Journal of Finance, 1995, 50 (5): 1421 – 1460.

[205] REINHART, C. M., ROGOFF, K. S. Growth in a Time of Debt [J]. American Economic Review, 2010, 100 (2): 573 – 578.

[206] ROSS, S. A. The Determination of Financial Structure: The Incentive – signalling Approach [J]. The Bell Journal of Economics, 1977: 23 – 40.

[207] SCHIFFBAUER, M., SIEDSCHLAG, I., RUANE, F. Do Foreign Mergers and Acquisitions Boost Firm Productivity [J]. International Business Review, 2017, 26 (6): 1124 – 1140.

［208］SOLOW, R. M. Technical Change and the Aggregate Production Function ［J］. The Review of Economics and Statistics, 1957: 312 – 320.

［209］STOCK, J. H. , WATSON, M. W. Introduction to Econometrics: Pearson, 2011.

［210］SUNG, B. Do Government Subsidies Promote Firm – level Innovation? Evidence from the Korean Renewable Energy Technology Industry ［J］. Energy Policy, 2019, 132: 1333 – 1344.

［211］VAN HORNE, J. C. Sustainable Growth Modeling ［J］. Journal of Corporate Finance, 1988 (1): 19 – 24.

［212］WANG, Q. Fixed – effect Panel Threshold Model Using Stata ［J］. Stata Journal, 2015.

［213］WU, L. , SUBRAMANIAN, N. , ABDULRAHMAN, M. D. , LIU, C. , LAI, K. , PAWAR, K. S. The Impact of Integrated Practices of Lean, Green, and Social Management Systems on Firm Sustainability Performance—Evidence from Chinese Fashion Auto – Parts Suppliers ［J］. Sustainability, 2015, 7 (4): 3838 – 3858.

［214］XU, C. , GUO, J. , CHENG, B. , LIU, Y. Exports, Misallocation, and Total Factor Productivity of Furniture Enterprises ［J］. Sustainability, 2019, 11 (18): 4892.

［215］XU, X. , WANG, Y. Ownership Structure and Corporate Governance in Chinese Stock Companies ［J］. China Economic Review, 1999, 10 (1): 75 – 98.

［216］YOUNG, A. Learning by Doing and the Dynamic Effects of International Trade ［J］. The Quarterly Journal of Economics, 1991, 106 (2): 369 – 405.

［217］ZHANG, D. , LIU, D. Determinants of the Capital Structure of Chinese non – listed Enterprises: Is TFP efficient ［J］. Economic Systems, 2017, 41.

［218］ZHOU, Y. , XU, Y. , LIU, C. , FANG, Z. , HE, M. The Threshold Effect of China's Financial Development on Green Total Factor Productivity ［J］. Sustainability, 2019, 11 (14): 3776.

致　谢

八年来，一个法学毕业生走向一片全新的领域，理论经济学于我来说是一场人生的挑战和修炼。八年来，一个寓居云南的湖南伢子重回这片故土，博士生涯于我来说更是一段乡愁的慰藉和满足。这八年里，多少次往返于湖南熟悉的乡村小道和云南的蓝天白云，多少次感受工作的繁重和夜晚的漫长，多少次经历希望的破灭和重燃的热情。在新冠肺炎疫情席卷全球的第三个年头里，迎来我的毕业季，有艰辛更有欣慰。

首先，我要感谢恩师罗能生教授，以及同门，包括罗富政、彭郁、肖向东、孟湘泓、刘运材、李建明、王玉泽等。恩师罗能生教授学识渊博，低调务实，有着敏锐的学术眼光和严谨的治学态度，睿智的思想和高尚的师德，对我有着潜移默化的影响，是我一生工作和生活追求的目标和榜样。同门受罗导的影响，在罗导的熏陶下成长，都有一股谦逊实干的劲头，为人为学皆是扎扎实实、兢兢业业。在湖南大学经贸学院这个大家庭里，还有众多导师如张亚斌、祝树金、许和连、赖明勇等教授，他们的人格、学识和魅力，让人终生难忘，以及王海成、钟腾龙、刘翔、陈娟娟、罗彦、张伟豪、金友森等，能与这些优秀的青年才俊共同学习，使人印象深刻。

其次，我要感谢自己的家人。没有家人的支持和帮助，我是不可能完成学业的。妻子汤晓翠任劳任怨操持着家务，照顾着家人，使我有时间能集中精力学习和做研究。爸妈辛辛苦苦从湖南老家来到云南，帮我照看教育小孩，为此也落下腰肌劳损的病根，到现在都直不起腰来。幸运的是，在我读博士期间，女儿谿谿来到我们这个大家庭，给我们带来了无穷的快乐和回忆。

最后，我要感谢我的领导、同事、朋友。朱斌、吕品、孙仲文、经纬、李琰、李体欣、敖学文、龚伟、李震、常晓君、陆凌骏、王宏宇、宋哲、夏祥

147

谦、杜雷、马杰、刘志杰、杜丽峰、陈俊宇等同事、朋友，无论是学习还是工作和生活都给了我很多启发和帮助，在此一并致谢。

"长风破浪会有时，直挂云帆济沧海。"同时也期待将自己所学的知识回报国家和社会。